이혼승소를 위한

이혼전문변호사들의 秘書

대중에게 쉽게 읽힐 수 있는 이혼관련 책을 써야겠다는 마음을 먹고 『내가 이혼전문변호사다』(이하 전권이라 칭함)라는 책을 집필하고 출간한 지 벌써 10년이라는 세월이 흘렀다.

많은 분이 읽어주신 덕분으로 4쇄까지 출간하였고, 곧 5쇄가 개정 판으로 출간될 예정이다.

그동안 많은 독자분들께서 의견을 주시고 주변 이혼전문가님들부 터도 여러 요청이 있었는데, 그 의견과 요청들 대부분이 좀 더 깊은 내용을 다룬 책도 집필해 달라는 것이었다.

사실 책 한 권으로 방대한 이혼관련 법리와 판례를 모두 이야기한 다는 것은 쉽지 않다. 그래서 필자도 좀 더 깊은 내용을 다룬 책을 한 권 더 집필해야겠다는 마음을 먹었었지만, 하루 일과가 바쁘다는 핑계로 하루이틀 미루다 보니, 벌써 10년이라는 세월이 흘렀다.

필자는 가까운 시일 내에 은퇴도 고민하고 있는데, 떠나기 전 근 25 년 동안 쌓아온 방대한 이혼관련 지식과 노하우, 전략, 전술 모두를 세상에 공개한 후 은퇴를 해야 한다는 조바심도 있다.

그래서 이번에 바쁜 일과 중에도 시간을 쪼개어 본서를 집필했으니, 많은 분에게 도움이 되셨으면 하는 소망을 가져본다.

본서에는 『내가 이혼전문변호사다』에 담지 못한 내용들 중 이혼소송에서 자주 문제되는 사례를 중심으로 다루었다. 하지만 그 사례를 공부하다 보면 전권에서는 추상적으로만 알았던 이혼관련 법리와 판례에 대한 지식이 한 층 더 깊고 구체적으로 다가오리라 확신한다.

본서는 이미 출간된 『내가 이혼전문변호사다』라는 책을 읽었고 해당 지식이 있다는 전제에서 읽힐 수 있도록 집필한 책이다.
따라서 본서를 읽기 전 우선 전권인 『내가 이혼전문변호사다』라는 책을 읽어 보시라고 권하고 싶다.

물론 각론을 먼저 공부하고 총론으로 넘어가는 방법도 있지만, 어떠한 학문이나 정보든 각론만으로 쌓은 지식은 그 뿌리가 약해 흔들릴 수밖에 없다.

『내가 이혼전문변호사다』라는 책은 총론에, 본서는 각론에 비유될 수 있다.

그리고 전권에 이어 본서가 출간되기까지 많은 도움을 주시고 감수까지 맡아주신 김성천 교수님께 깊은 감사의 마음을 전하고 싶다.

김성천 교수님은 필자 대학시절 은사님이시다. 중앙대 법학전문대학원 원장을 지내셨고 지금까지 중앙대 로스쿨에서 장차 법조인이 될 제자들을 양성하시느라 바쁘신 와중에도 본서 감수를 기꺼이 맡아주셨다.

제자로서 더 없는 영광이라는 말씀과 더 없이 감사하다는 말씀을 다시 한번 드리고 싶다.

『내가 이혼전문변호사다』라는 책을 집필할 때의 목표는 '이 책 한 권만 몇 회독하면 누구나 이혼전문변호사의 실력을 갖도록 하겠다'는 것이었고, 본서의 집필 목표는 '이 책 한 권만 몇 회독하면 누구나 이혼전문변호사들 중에서도 고수의 실력을 갖도록 하겠다.'는 것이다.

당연히 가능한 목표이고, 당연히 그렇게 되리라 자신한다.

사실 대한민국에 이 두 권의 책 내용을 제대로 아는 이혼전문가는 아마도 단 한 명도 없으리라 확신하기 때문이다.

　따라서 전권과 본서를 제대로만 공부한다면, 대한민국 최고의 이혼전문가에 필적하는 실력을 갖출 수 있을 것이다.

　이혼을 고민하시는 분들은 우선 자신이 이혼관련 법리와 판례를 잘 알아야 한다. 그래야 실력 있는 이혼전문변호사를 선택할 수 있기 마련이다.

　자신에게 실력이 없으면 절대 실력 있는 이혼전문변호사를 선택할 수 없음을 명심해야 한다.

　모쪼록 본서가 이혼전문가에게는 실력을 한 층 더 업그레이드 할 수 있고, 이혼소송을 준비하시는 분들께는 실력 있는 이혼전문변호사를 선택하는 데 도움이 되시길 기원하며 책을 세상에 내어놓기로 한다.

솔로몬이혼문제연구소

소장 박진영 배상

차례

Ⅲ. 위자료

Ⅳ. 재산분할

V. 미성년자녀의 양육문제

VI. 약혼 및 사실혼

이혼소송를 위한

이혼전문변호사들의 秘書

I

이혼하기

『내가 이혼전문변호사다』에서도 자세히 설명한 바와 같이, 부부가 이혼하는 방법에는 협의이혼, 조정이혼, 소송이혼 등 딱 3가지 방법밖에 없다.

그래서 부부가 이혼할 때에는 으레 어떤 절차에 따라 이혼하는 것이 본인에게 가장 유리한지를 고민하게 되는데,

부부가 이혼할 때에는 ① 이혼할지 여부, ② 위자료, ③ 재산분할, ④ 미성년자녀가 있는 경우에는 그 양육자, 친권자를 누구로 정할 것이며, 양육비를 얼마나 주고, 면접교섭은 어떻게 할 것인지 등에 대해서 부부간에 모두 합의가 되어야 한다.

그런데 그 모든 사항에 대해서 부부간에 합의가 되면 협의이혼절차에 따라 이혼하면 되고, 하나라도 합의가 되지 않으면 소송이혼을 해야 하는데, 다만 당장은 합의가 되지 않지만 의견차가 크지 않아서 조정위원의 개입이 있으면 얼마든지 합의에 이를 수 있다고 판단되는 경우에는 소송이혼보다는 조정이혼을 하는 것이 더 유리하다고 일반적으로 설명한다.

정확한 설명이다.

하지만 구체적인 사건으로 들어가 보면 위 설명만으로는 충분하지 않은 경우가 있을 것이어서 이 책에서는 실무에서 자주 문제되는 사례를 중심으로 좀 더 설명해 보기로 한다.

자동이혼?

배우자가 실종되거나, 연락두절되거나, 배우자와 별거한 지 오랜 기간이 지나면 자동으로 이혼이 되느냐는 질문을 심심치 않게 받는다.

우선 결론부터 말하자면, 이혼하는 방법은 협의이혼, 조정이혼, 소송이혼 등 3가지 방법밖에 없고 그 외 자동으로 이혼되는 경우는 그 어떠한 경우에도 없다. 별거기간이 제 아무리 길다 해도 마찬가지이다.

배우자의 생사가 5년 동안 불분명하다면 법원의 실종선고를 받아 사망신고를 함으로써 혼인관계를 해소시킬 수 있고,

배우자의 생사가 3년 이상 불분명하다면, 이는 민법 제840조가 규정하는 다섯 번째 이혼사유에 해당하므로 궐석재판을 통해서 이혼을 할 수 있을 것이며,

생사불명이 3년이 안 되거나 기간에 상관없이 살아있는 것은 분명하지만 연락이 안 되는 경우에는 "악의의 유기"나 혹은 "기타 혼인을 계속하기 어려운 경우에 해당"한다는 이유로 이혼소송 제기하여 이혼할 수 있을 것이다.

이처럼 배우자의 생사가 불명하거나 행방을 알 수 없다고 해서 자동으로 이혼되는 경우는 없고 반드시 정해진 절차에 따라 이혼해야 한다.

위와 같은 경우에 이혼소송을 제기하면 일단 배우자 최종주소지에 소장을 보내보고 그 주소지에 배우자가 거주하지 않는다는 사실이 밝혀지면, 배우자의 가족한테 배우자의 행방을 아는지 여부를 서면으로 묻는 절차를 거친다.

가족이 배우자의 행방을 알려오면 소장을 그리로 보내 소송을 진행하게 되고, 가족도 행방을 모른다고 하면 공시송달절차를 거쳐 배우자의 출석없이 소송이 진행되며, 이 경우 이혼사유만 입증이 되면 이혼판결이 선고된다.

이런 재판형식을 배우자의 출석 없이 재판이 진행된다고 해서 궐석재판이라고 하는데, 궐석재판의 경우에는 판결문도 공시송달절차에 따라 송달되기 때문에 추후 배우자가 자신도 모르는 사이에 이혼이 되었다는 사실을 알았을 때는 그 안 날로부터 2주 내에 추완항소를 제기해서 다툴 수 있다.

추완항소가 제기되면, 항소심 즉 2심법원에서 1심에서 심리한 내용을 다시 심리하게 된다.

협의이혼보다 조정이혼이 더 유리한 경우

:: 첫 번째

협의이혼의 경우, 슬하에 미성년자녀가 있으면 3개월, 없으면 1개월의 숙려기간이 있고, 그 숙려기간은 부부 모두가 법원에서 부모교육을 받은 날로부터 기산되며, 숙려기간이 지난 후에 부부의 이혼의사를 확인하는 확인기일 또한 숙려기간이 도과한 후 최소한 1~2개월이 더 지난 후에 지정되며,

협의이혼의 경우에는 조정이혼이나 소송이혼과는 달리 법원의 이혼의사 확인만으로는 이혼이 되는 것이 아니라 부부가 관할관청에 이혼신고까지 마무리해야 비로소 이혼절차가 모두 종결되기 때문에 이혼절차에 소요되는 기간이 어쩔 수 없이 길어진다.

하지만 조정이혼의 경우에는 실무적으로 통상 숙려기간 기산점을 부부가 모두 부모교육을 이수한 날이 아닌 조정이혼신청서를 접수한

날로 잡을 뿐만 아니라 몇 가지 조치만 취하면 숙려기간이 만료되는 날 곧바로 종결시킬 수도 있기 때문에 하루라도 빨리 이혼절차를 종결시켜야 할 사정이 있거나 절차를 좀 더 간소하게 진행하고 싶은 경우에는 협의이혼보다는 조정이혼이 더 유리하다.

여기서 몇 가지 조치라 함은 ① 조정신청서에 '부부간 모두 합의가 성립되었다는 사실과 화해권고결정을 해 달라는 내용을 담는 것'과 ② 상대방의 답변서에도 위와 같은 내용으로 답변, 그리고 ③ 법원으로부터 화해권고결정서를 송달받음과 동시에 부부 모두가 이의신청포기서를 제출함으로써 조기에 종결시키는 절차 등을 말한다.

:: 두 번째

협의이혼절차에서는 이혼 시 부부간에 합의를 해야 하는 내용들 중, 이혼할지 여부, 미성년자녀에 대한 친권자와 양육자 지정 및 양육비에 대해서만 법원이 관여하고 나머지 위자료, 재산분할, 면접교섭문제에 대해서는 일체 관여하지 않는다.

그렇기 때문에 이혼할 때에는 부부가 합의가 되었지만 이혼 후 갈등이 있거나 일방이 합의된 내용과 다른 내용을 주장하거나 또는 이행이 되지 않는 경우에는 별도의 소송절차를 다시 진행해서 위자료, 재산분할, 면접교섭 내용에 대해서 법원의 판단을 받아야 한다.

따라서 그럴 우려가 있는 경우에는 협의이혼보다는 조정이혼신청을 해서 판결문과 동일한 효력이 있는 조정조서를 작성하는 방법으로 이혼절차를 종결하게 되면 그러한 우려를 불식시킬 수 있다.

그렇기 때문에 그러한 경우에는 부부간에 모두 합의가 되더라도 협의이혼보다는 조정이혼이 더 유리하다고 할 수 있다.

실무를 해 보면 이러한 경우가 실제로 상당히 많다.

:: 세 번째

부부 중 일방 또는 쌍방이 해외에 체류 중인 경우에는 국내에 입국해서 협의이혼신청할 때 그리고 이혼의사확인받은 확인기일에 법원에 직접 참석하거나 대사관 등에 재외국민 신고를 해서 재외국민 신분을 취득한 경우에는 대사관을 통해서 협의이혼할 수 있는데, 경우에 따라서는 그러한 것이 불가능하거나 불편한 경우가 종종 있다.

그래서 그러한 경우에는 부부 중 일방 또는 쌍방이 국내에 있는 이혼전문변호사를 선임해서 조정이혼절차에 따라 이혼하는 것이 훨씬 더 유리한 경우가 생각보다 많다.

그렇게 되면, 변호사가 모두 알아서 일을 처리해 주고, 절차가 종결된 이후에 이혼신고만 하면 되기 때문에 당사자는 법원에 참석할 필요도 없고, 따로 서류를 준비할 필요도 없기 때문에 편리한 면이 있다.

게다가 이러한 경우에는 부부간의 모든 사항에 대해서 합의가 되는 상황이기 때문에 변호사 비용 또한 통상의 조정이혼의 경우보다 좀 더 저렴하게 진행할 수 있기도 하다.

많은 분이 이용하고 있는 방법이다.

:: 네 번째

그리고 위 세 번째 방법은 비단 부부 중 일방 또는 쌍방이 해외에 체류하고 있는 경우뿐만 아니라 지방에 체류하고 있거나 신경 쓸 일이 없이 변호사를 통해서 절차를 간소하게 진행하고 싶은 경우에도 조정이혼을 효과적으로 이용할 수 있는 경우이다.

:: 다섯 번째

부부의 재산이 많아서 재산분할에 대해 확실히 해 두고 싶은 경우에는 부부간에 합의가 되었더라도 협의이혼보다는 조정이혼절차에 따라 이혼하는 것이 더 유리하다.

통상 협의이혼 시 부부간에 합의된 내용을 이혼합의서 형태로 작성한 후 공증을 하게 되는데, 재산이 많은 경우에는 공증비용이 꽤 많이 든다.

따라서 그러한 경우 조정이혼을 하게 되면 비슷한 비용으로 더 확실하게 재산분할을 할 수 있다는 장점이 있다.

소송이혼보다 조정이혼이 더 유리한 경우

:: 첫 번째

소송이혼을 하게 되면, 원고와 피고는 각자의 이익을 위해서 갑론을박을 할 수밖에 없고 그러다 보면 감정의 골이 깊어질 수 있다. 게다가 슬하에 자식까지 있는 경우에는 자식과 부모 사이에도 금이 갈 수 있는데, 조정이혼의 경우에는 소송이혼과 달리 판결에 의해서 일도양단의 판단보다는 서로의 양보를 이끌어내 부부간에 합의점을 도출한다는 점에서 부부간 혹은 부모와 자식간 감정이 상하는 것을 막을 수 있다.

따라서 부부간 의견차가 크지 않거나 의견차가 크더라도 일방 배우자의 주장이 법적인 견지에서 법 상식에서 크게 벗어나거나 조정위원의 개입이 있으면 얼마든지 합의점을 도출할 수 있는 경우에는 감정싸움이 상대적으로 적은 조정이혼절차에 따라 이혼하는 것이 소송이혼보다 훨씬 더 유리하다고 할 수 있다.

:: 두 번째

이혼소송을 제기해서 소송이혼으로 진행하더라도, 이혼사건은 예외적인 경우가 아니라면 반드시 최소한 한 번은 조정절차를 거치도록 되어 있다. 그리고 조정이혼의 경우에도 부부간 원만한 합의점에 도달하지 못해 조정이 결렬되는 경우에는 당연히 이혼소송으로 전이된다. 그렇기 때문에 소송이혼과 조정이혼은 조정절차를 거치는 순서만 다를 뿐 실질적으로는 같은 절차라고 할 수 있다.

하지만 소송이혼의 경우에는 통상 다툴 거 다 다툰 후 즉 감정의 골이 깊어질 대로 깊어진 후에 조정을 거치기 때문에 감정의 골이 깊어지기 전 즉 최우선적으로 조정절차부터 거치는 것이 더 낫다고 판단되는 경우에는 소송이혼보다는 조정이혼신청을 하는 것이 훨씬 더 유리하다.

실무적으로 이러한 판단을 해야 하는 경우가 생각보다 굉장히 많다.

:: 세 번째

이혼을 원하는 측이 유책배우자이거나 이혼소송으로 가면 불리하거나 승소를 확신할 수 없는 경우에도 조정이혼이 소송이혼보다 훨씬 유리한 경우이다.

조정위원의 개입으로 원하는 결과를 기대할 수 있기 때문이다.

조정이혼을 하면 협의이혼보다
더 빨리 이혼할 수 있을까?

　협의이혼절차에 따라 이혼하기 위해서는 숙려기간이라는 장애물을 거쳐야 하기 때문에 그 숙려기간만큼 이혼절차가 지연될 수밖에 없다.

　숙려기간제도는 충동에 의해서 부부가 이혼하는 것을 방지하겠다는 취지로 2008년부터 시행된 제도인데, 숙려기간은 슬하에 미성년자녀가 있는 경우에는 3개월, 없는 경우에는 1개월이다.

　그리고 미성년자녀가 있는 경우 3개월의 숙려기간은 이혼하려는 부부 쌍방 모두가 부모교육을 이수한 날로부터 기산되기 때문에 부모교육 이수가 지연되게 되면 그 지연되는 기간만큼 협의이혼기간은 더 길어진다.

　하지만 이러한 점은 협의이혼 신청하러 법원 갈 때 해당 법원에 부모교육이 있는 날짜를 체크해서 교육이 있는 날 법원에 가서 협의이혼신청을 하고 곧바로 부모교육을 이수하면 얼마든지 극복할 수 있는 점이다.

그렇다면 조정이혼을 하면 숙려기간 없이 이혼할 수 있을까?

많은 이혼전문가들이 조정이혼을 하면 숙려기간 없이 이혼할 수 있기 때문에 단기간에 이혼절차를 종결할 수 있다는 식으로 말하는 경우를 간혹 본다.

하지만 불행히도 그렇지 않다.

실제 법원의 실무를 보면 조정이혼은 물론 소송이혼의 경우에도 조정이나 판결을 할 때 반드시 숙려기간을 고려해서 종결시키는 경향이 있기 때문이다.

그렇기 때문에 조정이혼절차에 따라 이혼하면 숙려기간 없이 빨리 이혼할 수 있다는 상담은 사실과 다른 측면이 있다.

물론 민법에서 숙려기간을 규정하면서, "폭력으로 인하여 당사자 일방에게 참을 수 없는 고통이 예상되는 등 이혼을 하여야 할 급박한 사정이 있는 경우에는 숙려기간을 단축 또는 면제할 수 있다."고 규정하고 있기 때문에 가정폭력 등과 같은 급박한 사정이 있어 숙려기간을 단축 또는 면제할 필요가 있는 경우에는 그러한 사정을 조정신청서에 추가하여 적시함으로써 숙려기간을 단축 또는 면제받는 방법으로 이혼절차를 조기에 종결할 수도 있다.

하지만 협의이혼절차에서도 그러한 숙려기간 단축이나 면제신청을 할 수 있기 때문에 반드시 조정이혼을 해야 그 기간을 단축할 수 있는 것은 아니다.

그렇기 때문에 이러한 점도 협의이혼 대신에 굳이 변호사 비용이 더 드는 조정이혼절차를 택할 이익이 되지는 않는다.

물론 조정이혼절차에서 변호사의 노력으로 협의이혼보다 그 기간을 단축시킬 수는 있다.

즉, 협의이혼의 경우, 숙려기간 도과 이후에 이혼의사를 확인하는 확인기일을 지정하게 되는데, 법원의 사정에 따라 통상은 숙려기간이 도과한 이후에도 1~2개월이 더 지난 후에 확인기일을 지정하는 경우가 대부분이기 때문에 그 기간만큼 기간이 길어지지만 조정이혼의 경우에는 숙려기간이 도과하자마자 바로 조정 등의 방법으로 종결시킬 수 있기 때문에 그러한 점에서 조정이혼의 장점이 있고,

미성년자녀가 있어 협의이혼 시 부모교육을 부모 모두가 이수한 날로부터 기산하는 것과 달리 조정이혼의 경우에는 실무적으로 통상 조정이혼신청서를 법원에 접수한 날로부터 숙려기간을 기산하기 때문

에 그만큼 기간을 단축할 수 있기는 하다.

그리고 협의이혼의 경우에는 ① 협의이혼신청 시, ② 부모교육 이수 시, ③ 이혼의사 확인받는 확인기일 등 부부가 최소한 2~3번은 법원에 반드시 참석해야 하는 번거로움이 있지만, 조정이혼의 경우에는 부모교육 이수를 제외하고는 나머지 절차를 변호사가 대신할 수 있기 때문에 사정상 혹은 심정상 법원 참석이 어렵거나 곤란한 경우에는 변호사를 선임해서 협의이혼이 아닌 조정이혼절차에 따라 이혼하는 것도 좋은 방법이긴 하다.

또한 협의이혼절차에서는 위자료, 재산분할, 미성년자녀에 대한 면접교섭문제는 전혀 관여하지 않기 때문에 이러한 점을 분명히 해 두고 싶은 경우에도 협의이혼 대신 조정이혼절차에 따라 이혼할 실익이 있다.

이혼소송이 불가피한 경우

이번에는 협의이혼보다는 소송이혼이 불가피한 경우를 나열해 본다. 참고로 이 경우 소송이혼에는 조정이혼이 포함된 개념으로 이해했으면 한다.

:: 첫 번째

우선 이혼할지 여부에 대해서 부부간 합의가 되지 않는다면, 협의이혼이 불가능한 경우이므로, 이 경우에는 무조건 소송이혼만이 답이다.

:: 두 번째

미성년자녀에 대한 친권자와 양육자를 누구로 정할지 및 양육비를 얼마나 지급할지에 대해서 합의가 되지 않아도 협의이혼이 불가능한 경우이므로, 이러한 경우에도 무조건 소송이혼만이 답이다.

:: 세 번째

이혼하는 문제 그리고 미성년자녀에 대한 친권자, 양육자, 양육비에 대해서는 모두 합의가 되지만, 협의이혼절차 중 법원이 관여하지 않는 위자료, 재산분할, 면접교섭 등의 문제들 중에서 어느 하나에 대해서 합의가 되지 않는 경우에는 일단 협의이혼을 한 후 협의되지 않는 문제에 대해서 추후 위자료소송, 재산분할소송, 면접교섭심판 등을 통해서 별도로 다툴 수 있으나 절차를 2번 거쳐야 된다는 번거로움이 있다. 그렇기 때문에 하나의 절차에서 일거에 해결하고 싶은 경우에도 이혼소송만이 답이다.

하지만 특별한 이혼사유가 없지만 일방이 이혼을 간절히 원하는데, 타방이 추후 마음을 바꿔 이혼을 하지 않겠다고 할 수도 있어 일단 하루빨리 이혼해야 하는 경우에는 예외적으로 일단 협의이혼부터 하는 것이 필요할 수 있고, 사실 실무를 해 보면 이러한 경우도 적지 않다.

:: 네 번째

상대방배우자가 재산을 숨겨놓거나 빼돌린 정황이 있어 소송을 통해서 재산을 찾아내는 절차가 필요한 경우에도 반드시 이혼소송이 필요하다.

:: 다섯 번째

미성년자녀에 대한 양육권에 대해서 서로 다툼이 있는 경우에 양육권 확보를 위한 준비를 누가 먼저 하고 누가 먼저 소송을 준비하느냐가 양육권 확보에 매우 중요하다. 그렇기 때문에 이러한 경우에도 상대방배우자보다 더 빨리 실력 있는 이혼전문변호사를 찾아 이혼소송을 준비하는 것이 매우 필요한 경우이다.

:: 여섯 번째

별다른 사유가 없음에도 불구하고 상대방배우자가 자꾸 이혼을 요구하는 경우에는 통상 외도하고 있을 가능성이 크다. 그런 경우에도 실력 있는 이혼전문변호사를 찾아 이에 대한 확인 및 대비를 거쳐 소송을 준비하는 것이 필요하다.

이혼승소를 위한 이혼전문변호사들의 秘書

이혼소송을 나홀로소송으로 한다는 것

요즈음 블로그나 카페, 유튜브에 이혼관련 정보가 넘치다 보니 그 정보들을 토대로 이혼소송을 이혼전문변호사를 선임해서 진행하지 않고 나 홀로 진행하는 경우를 가끔 본다.

일반적으로 이혼전문변호사가 아닌 변호사님들도 "이혼소송이야 뭐, 내가 주장하고 싶은 사실을 잘 써서 제출하면 법원이 다 알아서 판단해 주는 거 아니야?"라면서 이혼사건을 쉽게 보시곤 한다.

물론 특별한 전략이나 전술이 필요 없고 특별한 법리나 판례에 대한 이해도 필요 없는 사건이라면 이혼전문변호사가 아닌 일반 변호사를 통해서 혹은 나홀로 소송을 진행해도 별문제가 없는 경우가 분명히 있다.

하지만 대부분은 그렇지 않은 게 문제다.

결론적으로 우리 솔로몬은 실력 없는 변호사를 통해서 이혼소송을 수행하는 것이 가장 바람직하지 않지만 그 못지않게 나홀로 소송하는 것도 바람직하지 않다는 생각을 가지고 있다.

소송을 해 보면 이혼소송만큼 어려운 소송도 없다.

이혼소송에 정통하면 나머지 형사소송이나 민사소송, 행정소송도 잘하게 되어 있지만, 형사소송이나 민사소송을 잘하시는 변호사님이라고 해서 이혼소송을 잘할 수는 없다.

그만큼 이혼소송은 참으로 어려운 소송이다.

민사소송이야 법리와 판례를 잘 이해하고 해당 사건과 관련된 분야가 어떻게 돌아가는지만 알면 소송을 잘 해낼 수 있다.

그리고 형사사건은 사리분별을 잘 할 줄 알고 아이큐만 높으면 유무죄를 효과적으로 다툴 수 있고, 양형은 샅바싸움으로 승부하면 그만이다. 판례와 법리에 대한 지식이 중요하긴 하지만 실무적으로 판례와 법리가 첨예하게 다투어지는 사건은 드물다.

반면 이혼소송은 ① 법리, 판례, 사회가 돌아가는 것에 대한 전반적인 지식, 지능, 샅바싸움은 물론이고 그 외에도 아주 많은 요소가 필요하고, ② 그 필요한 것을 총동원해서 사실을 어떻게 주장하고, ③ 어떤 전략과 전술을 가지고 공격과 방어를 할 것인지를 소송 전부터

이혼승소를 위한 이혼전문변호사들의 秘書

정해서 그 방향을 일관되게 유지해야 좋은 결과를 만들어낼 수 있기 때문에, 알면 알수록 그리고 해 보면 해 볼수록 그만큼 어려운 소송이 바로 이혼소송이다.

필자는 이렇게 정리하고 싶다.

'대충 하려면 이혼소송만큼 쉬운 소송이 없고, 제대로 하려면 이혼소송만큼 어려운 소송도 없다.'라고 말이다.

몇 년 전에 서울가정법원 6급 주사로 재직 중이신 분이 시민기자 신분으로 인터넷 매체에 "이혼소송의 경우 법원이 다 알아서 해 주기 때문에 변호사를 선임할 필요가 없다."라는 주제로 기고를 하신 글을 읽은 적이 있다.

그 글을 읽고 잘못된 확신이 대중에게 얼마나 치명적인 해악을 끼칠 수 있는지를 실감하게 되었다.

그 인터넷 매체는 우리 솔로몬과 성향이 맞아서 애독하는 매체였는데, 책임감 없이 그러한 무책임한 글을 게재한 사실에 실망한 나머지 그 즉시 구독을 끊어 버릴 정도였다. 그 기사의 내용은 천부당만부당하였기 때문에 그러지 않을 수가 없었다.

우리 솔로몬이 이런 이야기를 하면, 많은 분이 "장삿속으로 그런 이야기를 한다."고들 하실 수 있는데, 절대 그렇지 않다.

　사실 자꾸 이런 말 해봤자 욕만 먹을 것이 뻔하지만, 안타까운 마음에 건네는 조언이니 유념하시면 손해볼 일은 없으시리라 장담한다.

재판상 이혼사유

많은 분이 이미 많이 아시듯, 민법은 재판상이혼사유로 6가지,

즉,

1. 배우자에게 부정한 행위가 있었을 때
2. 배우자가 악의로 다른 일방을 유기한 때
3. 배우자 또는 그 직계존속으로부터 심히 부당한 대우를 받았을 때
4. 자기의 직계존속이 배우자로부터 심히 부당한 대우를 받았을 때
5. 배우자의 생사가 3년 이상 분명하지 아니한 때
6. 기타 혼인을 계속하기 어려운 중대한 사유가 있을 때

등을 규정하고 있다.

재판상이혼사유는 일방은 이혼을 원하지만 다른 일방이 이혼을 원하지 않을 때 혹은 혼인파탄책임이 누구에게 있는지를 논할 때 필요한 것이고, 소송이혼의 경우 특별히 다른 이혼사유가 없고 양당사자 모두 이혼에 동의하는 경우에는 여섯 번째 이혼사유에 의해서 이혼이 된다.

재판상이혼사유에 관하여는 전권에 이미 많은 설명을 드렸기 때문에 본서에서는 실무에서 애매하거나 이를 좀 더 깊이 이해할 수 있는 내용을 중심으로 몇 가지 짚어 본다.

배우자가 외도하고 있을 때 그 징조

    재판상이혼사유 중 위자료 액수가 가장 많이 나오는 이혼사유일 뿐만 아니라 기타 재산분할, 양육권, 양육비 측면에서도 가장 큰 영향을 끼치는 사유가 바로 배우자의 부정행위다.

    그러다 보니 배우자의 외도가 의심될 때 그 증거확보가 이혼소송에선 굉장히 중요하다.

    이혼소송이나 이혼상담을 하다 보면, 필자가 생각하기에는 배우자가 다른 이성과 외도를 하고 있는 것이 분명해 보임에도 불구하고, 정작 당사자는 "그럴 리가 없다."면서 완강하게 부정하거나 "의심스럽긴 하지만 설마~~"라고 하시는 분들이 많다.

    그리고 그럴 경우 필자의 제안에 따라서 뒷조사를 한번 해 보는 경우가 있는데, 지금까지 예상을 빗나간 경우는 실질적으로 단 한 번도 없었다.

단 한 번 있었다고 할 수 있는데, 그 경우도 당사자가 여러 사정으로 중도 포기해서 그렇지 조사를 계속했더라면 당연히 외도사실이 확인될 사안이었기 때문에 실질적으로는 단 한 번도 없는 셈이다.

25년 동안 그 수많은 경우 중에서 단 한 번도 틀리지 않았다면, 점성술사 뺨치는 수준 아니던가?

그런 것을 보면 필자도 보통은 넘는 듯하다.

상담 시 내담자의 사연을 듣다 보면 "상대방배우자가 다른 이성과 부정행위를 하는 경우에는 바로 냄새가 난다."

배우자의 외도가 의심되는 유형을 보면,

우선 첫 번째로 별다른 이혼사유가 없음에도 불구하고 이혼을 요구한다든지, 별거를 요구하는 케이스이다.

사실 결혼이라는 것도 막상 결심하려면 어려운 것인데, 더구나 이혼이라는 것은 그 결정에 있어서 결혼보다 몇백 배나 더 어렵다. 심지어 슬하에 자녀가 있다면 더더욱 그렇다.

그럼에도 불구하고 별다른 이혼사유 없이 이혼을 강력하게 요구한다든지 아니면 잠시나마 별거를 요구하는 경우는 다른 이성을 만나고 있지 않고서는 어려운 일이다.

그리고 두 번째 확실한 경우는 전업주부가 갑자기 옷이나 화장에 신경을 쓰는 등 외모 치장에 과도한 관심을 가지는 경우이다.

그리고 이 경우는 갑자기 외출이 잦아지는 것도 통상 동반된다. 물론 휘트니스나 수영장과 같이 남편이 출근한 사이에 만나는 이성이라면 그 외출을 배우자가 눈치채지 못하는 경우도 있다.

이런 경우 멋진 옷을 사 입기 시작하고 아이에 대한 관심이 줄어들며 잘 다니지도 않던 여행일정을 만들거나 만나지 않던 친구를 만난다고 핑계를 대거나 하면서 하루가 다르게 외모가 멋있어지고 헤어스타일도 세련되어진다.

이 경우에 뒷조사를 해 보면 대부분 배우자가 외도를 하고 있다.

그 다음으로 확실한 경우는 이유 없이 성관계를 거부하는 경우이다.

물론 성욕구감소나 불감증과 같은 성기능저하나 선천적으로 성관계를 싫어하는 사람, 갱년기에 접어들어서 혹은 원만하지 않은 혼인관계로 인해서 그러한 경우도 있지만, 결혼 전에는 그렇게 덤비던 사람이, 결혼한 이후에도 성관계를 즐겨 하던 사람이, 갑자기 성관계를 회피하면서 이 핑계 저 핑계를 만든다면, 거의 99% 배우자가 다른 이성을 만난다는 징조다.

그리고 갑자기 핸드폰을 잠가 두거나, 감추거나, 집 안에서 화장실에 갈 때든 그 언제든지 손에 핸드폰을 가지고 다니는 경우 그리고 잘 때조차도 머리맡에 핸드폰을 감추고 자는 경우도 거의 99% 외도하는 징조다.

물론 친정식구나 본가 식구들 또는 지인들과의 비밀스러운 그 무엇이 있는 경우도 있지만 대부분은 배우자 아닌 다른 이성과 비밀스러운 관계를 지속하는 경우가 많다.

생각해 보시라.

뭐 감출 게 없다면 굳이 화장실에 샤워하러 갈 때까지도 핸드폰을 가지고 가거나 비밀스럽게 핸드폰을 관리하겠는가? 뭔가 감추고 싶은 것이 있거나 떳떳하지 못한 그 무엇이 있다는 말이 아니고 무엇이겠는가?

그리고 사업 등을 해서 갑자기 돈을 많이 벌게 된 경우에도 외도로 이어지는 경우가 아주 많다.

그 놈의 돈이 웬수인 거다.

돈이 꼭 필요하고 유용하며 많으면 좋긴 하지만, 갑자기 많은 돈이 들어오기 시작하면 정신이 좀 나가는 경우가 많다. 뽕 맞은 것처럼 말이다. 돈을 갑자기 많이 벌어본 사람들은 그 맛을 아마도 알 것이다.

그리고 이 경우는 여자보다는 남자가 바람피우는 경우가 많은데, 25년 동안 경험한 바로는, 여성의 경우에는 갑자기 큰돈을 벌게 되었을 때 외도보다는 명품과 사랑에 빠지거나 사치스러워지거나 자녀교육비에 과도하게 소비하는 경향으로 나타나는 경우가 많았다.

반면 남자의 경우에는 갑자기 돈을 많이 벌게 되면 묘령의 여인과 바람이 나거나 딴 살림을 차리는 경우가 많다.

그리고 전업주부가 자녀를 어느 정도 키워놓고 사회생활을 갓 시작했을 때도 부정행위로 이어지는 경우가 많다.

전업주부로 있을 때는 남편과 아이들이 이 세상 전부이고, 매달 생활비를 벌어다 주는 남편이 높고 높아 보였는데. 갑자기 세상으로 나가면 멋진 남성들도 찝쩍대면서 데이트 신청을 하고, 직장 내에서 카리스마를 품품 뿜어내면서 일처리를 능숙하게 해내는 직장 상사나 관련 업체 직원과 일하다 보면, 내가 알던 세상, 내가 알던 남편이 전부가 아니라는 것을 알게 되는 것이다.

그러다 보면 자연스럽게 불륜으로 빠지게 된다.

그리고 마지막으로는 아무런 표시도 내지 않으면서 그리고 전혀 그럴 것 같지 않은 사람들도 그냥 무감정으로 섹스파트너를 만들어 주기적으로 은밀한 만남을 가지고 있는 경우도 아주 많이 보았다.

그런데 신기한 것은 필자가 상담 시 내방자 배우자의 사진 몇 장을 본 후 의심이 간다고 하는 경우가 있는데, 실제로 뒷조사를 해 보면 몇 년 된 애인이 있는 경우도 있고, 직장 근처에 오피스텔을 얻어놓고 세컨드 살림을 차린 경우도 있었으며, 집 근처에 원룸을 얻어 놓고 은밀한 만남을 가지는 경우도 있었고, 배우자가 출근한 사이 배우자 아닌 이성을 집으로 은밀하게 끌어들이는 경우도 어렵지 않게 볼 수 있었다.

그러니 무조건 내 배우자를 의심해서도 안 되겠지만 어느 정도의 의심 어린 눈초리는 필요하다고 할 수 있겠다.

하여튼 남자가 바람이 나면, 화장실에서 볼일보다 중간에 나온 사람처럼 안정감이 떨어지는 경향이 있고, 여자가 바람나면 성관계를 거부하거나 전에 갖던 자녀에 대한 관심이 줄어드는 경향이 있는 것은 그 어느 경우에나 볼 수 있는 징조이다.

이혼승소를 위한 이혼전문변호사들의 秘書

이혼소송에서 드라마틱한 승소를 원한다면 배우자 외도증거를 확보하라

 이혼소송에서 그저 일반적인 승소가 아닌 그야말로 드라마틱한 승소를 거둘 수 있을까?

 예컨대, 이혼소송에서 ① 위자료를 5,000만 원에서 1억 원 이상을 받아내고, ② 재산분할도 60~90% 받아내면서, ③ 누가 봐도 친권자, 양육자로 지정되기에 불리한 여건임에도 친권, 양육권을 가져오고, ④ 양육비를 양육비산정기준표상의 금액보다 훨씬 많은 금액을 받아내는 것 말이다.

 우선 결론부터 말하자면, 쉽진 않지만 얼마든지 가능하다.

 물론 이혼소송에서 ① 재산분할을 많이 받아내기 위해서는 '내가 부부 공동재산 형성에 기여한 바가 크다'는 사실을 주장 입증하는 것이 중요하고, ② 양육자와 친권자로 지정되고 싶으면 양육환경을 유리하게 만들어 놓는 것이 중요하며, ③ 양육비를 많이 받아내기 위해서는 이혼 후 미성년자녀를 양육하는 데 많은 비용이 필요한 사정을 주장하고 입증하는 것이 중요함은 두말할 나위 없다.

그렇지만 그러한 사실들을 주장하고 입증하는 것만으로는 드라마틱한 승소를 거두기가 어렵고, 그보다 훨씬 더 큰 승소를 거머쥐고 싶다면 배우자의 유책행위를 입증할 확실한 증거를 확보하는 것이 필요하다.

배우자의 유책행위는 재판상이혼사유 및 위자료산정기준이 되는 것만으로 알고 있지만, 이혼소송을 제대로만 이해하고 있다면 절대로 그렇지 않다는 것을 알 수 있다.

우선 유책행위가 재산분할에 미치는 영향에 대해서 말해 보자면, 이혼소송에서 재산분할의 기여도를 정할 때에는 우선

① 누가 재산형성에 기여를 많이 했느냐 하는 점(분배적기능=청산적기능)과 ② 이혼 후 경제적능력이 없는 배우자의 생활을 보장해 주는 측면(사회보장적기능)만을 고려하는 것이 아니라 ③ 재산분할의 손해배상적기능으로 인해 혼인파탄에 책임 있는 유책배우자에게는 재산분할에 있어서 불이익이 주어지는 방향으로 정해지기 때문에(손해배상적기능),

유책행위가 재산분할에 영향을 미치는 것은 법리와 판례상 당연한 것이지만, 그러한 유책행위가 재산분할에 실제로 미치는 영향은 재산

분할의 손해배상적기능 그 이상이라는 점을 명심해야 한다.

그리고 양육자, 친권자 또한 이론적으로는 미성년자녀의 성장과 복지측면만을 고려하여 정하는 것이 원칙이지만, 실무적으로는 이혼사유 및 배우자의 유책행위가 굉장히 큰 영향을 미친다.

그렇다고 모든 유책행위가 이혼소송에서 그렇게 큰 힘을 작용하는 것은 아니다.

유책행위도 판사님이 혀를 끌끌 찰 만큼의 비난가능성이 큰 유책행위일수록 그만큼 큰 힘을 작용한다.

통상 이혼소송에서 배우자의 유책행위라고 거론되는 것들에는 ① 배우자의 외도, ② 폭행, ③ 욕설, ④ 악의의 유기 등이 대표적인데, 이들 중 ② 폭행의 경우 요즈음에는 과거와 다르게 학대라고 해석될 만큼 몇 년 동안 지속되거나 매우 가혹하다고 여겨질 만큼 심한 폭행은 거의 없고, 부부싸움과정에서 우발적으로 몇 회 가해져 진단 1~2주 나오는 정도의 일시적인 폭행에 불과해서 비난가능성이 그렇게 큰 경우는 거의 없다.

③ 욕설의 경우에도 이혼소송을 해 보면 일방이 타방에게 일방적으로 욕하는 경우는 드물고 쌍방이 함께 욕설을 하거나 일방적으로 하더라도 그 욕설이 오랜 기간 지속되는 경우는 드물다.

④ 그리고 마지막으로 악의의 유기의 경우에도 과거와 달리 요즈음에는 여성의 사회진출이 많아지다 보니, 경제적 능력이 없는 처자식을 방치함으로써 생계가 불가능해지도록 하는 경우를 상상하기 쉽지 않기 때문에 악의의 유기의 경우에도 그렇게 비난가능성이 큰 경우는 많지 않다.

그래서 남은 유책행위는 첫 번째 사유인 '배우자의 외도'인데, 요즈음 성문화가 제아무리 개방되어 혼전 이성 간 교제나 성관계에 대해서는 굉장히 관대해졌다고 할 수 있지만 혼인 후의 정조의무에 대해서는 아직까지도 엄격한 느낌이다.

아니 최소한 이혼소송에서만큼은 그렇다는 이야기이다.

실제로 우리 솔로몬이 이혼소송에서

① 혼인기간 10년 이상 되는 맞벌이부부임에도 불구하고 재산분할 기여도를 70~90% 인정받은 사건,
② 자녀가 딸이고 젖먹이임에도 불구하고 엄마가 아닌 아빠가 친권자, 양육자로 지정된 사건,
③ 양육비가 양육비산정기준표보다 훨씬 더 많이 인정되는 사건,
④ 위자료가 1억 원 이상 인정되는 사건들을 보면,

이혼승소를 위한 이혼전문변호사들의 秘書

거의 모두 다 '상대방배우자가 외도를 했고, 그 외도증거를 확실하게 확보한 사건'이었다.

따라서 배우자 외도 징조가 보이고 이혼소송에서 드라마틱한 승소를 원한다면, 배우자 외도증거 확보에 주력해 보시라는 말씀을 드리고 싶다.

배우자 외도 시 이혼은 않더라도
상간자소송은 반드시 해야 하는 이유 3가지

배우자가 외도했다고 해서 무조건 이혼을 선택해야 하는 것도 아니고 선택할 수 있는 것도 아니다.

배우자가 외도하고 있음에도 불구하고 이혼을 할 수 없는 경우가 분명히 있고 게다가 도리어 이혼해서는 절대 안 되거나 이혼을 하지 않는 것이 더 이익이 되는 경우도 분명히 있다.

그 이유가 경제적인 것일 수도 있고 가치관에 따른 것일 수도 있으며 자녀의 미래를 위한 선택일 수도 있다.

예컨대, 배우자가 외도를 했는데 재산명의가 모두 본인명의로 되어 있는 경우, 이혼하게 되면 외도한 배우자에게 재산분할을 해줘야 하기 때문에 이혼이 도리어 손해가 된다. 따라서 그러한 경우에 경제적인 면에서만 보면 이혼을 선택할 이유가 전혀 없다.

그리고 배우자가 돈을 잘 버는 사업가이거나 전문직이어서 이혼을 하게 되면 경제적으로 손해일 뿐만 아니라 이혼 후 외도한 배우자가 상간자와 재혼까지 한다면 상간자와 외도한 배우자만 좋게 되는 꼴이 되므로, 이 경우에도 이혼을 선택할 이유가 없다.

또한 여러 가지 사정으로 본인은 경제적 능력이 없어 외도한 배우자의 수입에 의존해야만 본인과 자녀의 생계가 보장되는 경우에도 이혼을 결심하기 어렵다.

그렇다면 그러한 경우에는 어떻게 해야 할까?

이혼을 할 수 없거나 이혼하면 손해가 되니까 무조건 참고 견디어야 하는 것일까?

그렇지 않다.

결론부터 이야기하자면, 여러가지 사정으로 이혼을 하지 않더라도 반드시 상간자소송은 해 두어야 한다. 즉 상간자소송은 선택이 아닌 필수라는 이야기이다.

그렇다면 왜 그럴까?

일단 첫 번째 이유로는 상간자소송을 진행하게 되면 경제적으로 이득이 되기 때문이다.

즉, 상간자소송을 하게 되면 ① 외도증거의 확실성 정도, ② 외도로 인한 정신적고통의 크기 등의 사유에 따라서 위자료가 적게는 1,500만 원에서 많게는 5,000만 원까지 받아낼 수 있기 때문에 경제적으로 이득이 되는데, 더구나 그렇게 상간자소송을 통해서 받아낸 위자료는 피해 배우자의 특유재산으로 간주되므로 추후 이혼을 하게 되는 경우에도 재산분할에 있어서 유리하게 작용하기까지 한다.

외도증거확보를 위해 그 비용으로 약 700여만 원, 변호사비용으로 500여만 원을 썼다고 가정하더라도 받아내는 위자료 액수가 더 많기 때문에 분명히 경제적으로 이득이 된다.

그리고 추후 이혼하게 되는 경우에도 외도증거확보비용, 변호사비용은 재산분할에 전혀 영향을 미치지 않는 반면, 받아낸 위자료는 앞서 설명한 바와 같이 특유재산으로 간주되기 때문에 재산분할에 유리하게 작용한다.

두 번째 이유로는 상간자소송을 해서 판결문을 받아 두면 외도한 배우자를 그야말로 "유책배우자"로 낙인 찍어 버리는 효과가 있다.

그리고 그 낙인 효과는 거의 평생 간다고 보면 된다.

외도한 배우자가 유책배우자가 일단 되어 버리면, 우리 판례가 유책주의를 채택하고 있기 때문에 유책배우자가 된 배우자가 제아무리 이혼청구를 한다고 해도 기각되기 때문에 외도한 배우자의 이혼의사를 꺾을 수 있고 만에 하나 있을지도 모르는 유책배우자의 이혼청구에 대해서 향후에도 계속해서 방어할 수 있게 된다.

실제 실무적으로도 일단 상간자소송을 제기해서 받아둔 판결문이 있으면 그 외도한 배우자의 이혼청구는 특별한 사유가 있지 않는 한 기각판결이 선고된다. 그렇기 때문에 상간자소송을 해서 일단 승소판결을 받아 두면, 외도한 배우자의 이혼의지가 자연스럽게 꺾인다.

실제로 이혼을 하겠다고 변호사사무실에 내방했는데, 과거에 외도해서 상대방배우자가 상간자판결문을 가지고 있다고 하면, 이혼전문변호사로서는 자연스럽게 이혼이 어려운 사안이라고 상담하기 마련이고, 그렇게 되면 외도한 배우자가 이혼하겠다는 의사를 접게 된다. 따라서 자연스럽게 외도한 배우자가 상간자에게 향한 마음을 다시 가정으로 돌릴 가능성이 커진다.

그리고 세 번째 효과는 상간자소송을 해서 판결문을 받아두면 "외도증거"를 그야말로 "박제"해 놓는 것과 동일한 효과가 있다.

예컨대, 실제 이혼소송에서 배우자가 과거에 외도한 사실이 있다는 사실을 주장하면서 그 입증을 위해 과거에 확보해놓은 외도증거를 제출하게 되면, '뭐, 옛날 일 가지고 그래?'라고 하는 분위기가 되지만, 과거에 받아 둔 상간자판결을 제출하게 되면 그것이 10년도 훨씬 넘는 것일지라도 '외도한 배우자가 유책배우자라는 데에 이견을 달지 않는 분위기'로 돌변한다.

따라서 시간이 흐를수록 약해져가는 외도증거의 증거력을 거의 평생 가도록 하는 효과가 있는 것이다. 따라서 반드시 상간자소송을 해서 판결문을 받아 두어야 한다.

그리고 배우자가 외도했음에도 불구하고 아무런 조치를 취하지 않는다면, 외도한 배우자는 '외도를 해도 배우자가 아무런 제재를 하지 않네? 그러면 다시 외도해도 괜찮겠지'하는 생각을 은연중에 하게 되고, 그 외도는 계속될 가능성이 커진다.

그렇기 때문에 이를 방지하기 위해서라도 배우자가 외도를 했을 경우에는 이혼까지는 하지 않더라도 상간자 판결만큼은 받아 둘 필요성이 크다.

이혼승소를 위한 이혼전문변호사들의 秘書

배우자 외도 시 이혼소송과 상간자소송은 선택하기 나름?

"배우자의 부정행위"라 함은 전권에서도 설명한 바와 같이, '배우자로서의 정조의무에 충실하지 못한 일체의 행위' 즉, '상식적으로 판단할 때, 배우자 있는 자가 배우자 아닌 다른 이성과 해서는 안 된다고 판단되는 일체의 일탈행위' 정도로 이해하면 된다.

예컨대, ① 배우자 아닌 이성과 성관계는 물론이고 모텔 등 숙박업소를 드나드는 행위, ② 서로 "사랑해" 등 사랑을 속삭이는 대화를 하거나 카톡, 문자를 주고받는 행위, ③ "자기야, 여보" 등의 호칭을 하는 행위, ④ 서로 포옹하거나 손깍지를 끼는 방법으로 손을 잡는 행위, ⑤ 안마시술소, 샤워방, 성접대시설을 드나드는 행위, ⑥ 너무 자주 그리고 긴 시간 동안, 특히나 밤늦게 배우자 아닌 이성과 통화하는 행위 등이 실무적으로 부정행위로 평가된다.

그리고 배우자의 부정행위를 입증하기 위한 증거로는 통상 ① 숙박업소를 둘이 함께 드나드는 장면이 찍힌 동영상이나 사진, ② 서로

"사랑한다" 등과 같은 애정표현하는 대화, 카톡, 문자 혹은 녹음, ③ 카드사용내역, ④ 휴대폰 통화내역, ⑤ 블랙박스 영상이나 음성녹음, ⑥ 구글 타임라인 등을 제출해서 입증하기 때문에 배우자의 부정행위가 의심되는 경우에는 위와 같은 증거를 확보해야 한다.

그리고 만약 카드사용내역 등을 통해서 배우자와 상간자가 모텔이나 호텔 등을 출입한 시간과 숙박업소의 이름, 주소 등을 어느 정도 특정할 수 있다면, 법원에 증거보전신청을 통해서 숙박업소 cctv를 확보하는 방법으로 증거를 확보할 수도 있다.

이때 주의할 점은 숙박업소 cctv 보존 기간이 짧게는 2주, 길게는 2달 정도로 매우 짧으므로, 촌각을 다투어 증거보전신청을 해야 한다는 점이다.

위와 같이 배우자의 부정행위가 있었고 부정행위를 입증할 증거가 확보되었다면, 배우자를 상대로 이혼을 청구함과 더불어 위자료 또한 청구할 수 있다. 물론 이혼은 하지 않고 배우자를 상대로 위자료만 청구할 수 있기도 한데, 이 경우에는 가정법원에 청구하는 것이 아니라 민사법원에 청구해야 한다는 점이 다르다.

배우자를 상대로 위자료를 청구해서 받아낼 수 있는 액수는 ① 부정행위를 입증할 증거의 확실성 정도, ② 잠자리까지 입증할 수 있는지 여부, ③ 외도기간, ④ 혼인기간, ⑤ 자녀의 출산여부, ⑥ 재산 정도, ⑦ 사회적 지위, ⑧ 정신적 고통 크기, ⑨ 이혼까지 했는지 여부 ⑩ 상대방의 응소태도 등의 사유에 따라 통상 적게는 500만 원에서 많게는 5,000만 원 사이에서 인정되고, 그 액수로는 도저히 위로가 안된다는 특수한 경우에는 그 금액 이상 인정되는 경우도 있다.

그리고 배우자를 상대로 이혼 및 위자료를 청구함과 동시에 또는 이혼은 하지 않고 상간자만을 상대로도 위자료를 청구할 수 있는데, 이 경우 상간자가 배우자를 상대로 자신이 배상한 위자료의 절반 정도를 구상할 수 있다는 점을 계산에 넣어두어야 한다.

상간자에 대한 위자료 또한 ① 증거의 확실성 정도, ② 잠자리까지 입증할 수 있는지 여부, ③ 외도기간, ④ 혼인기간, ⑤ 자녀의 출산여부, ⑥ 재산 정도, ⑦ 사회적 지위, ⑧ 정신적 고통의 크기, ⑨ 이혼에까지 이르렀는지 여부 및 ⑩ 상대방의 응소태도 등의 사유가 고려되어, 적게는 500만 원에서 많게는 3,000만 원까지 인정된다.

물론 김주하 아나운서 혹은 SK 최태원 사건에서와 같이 사회유명인사이거나 외도기간이 아주 긴 경우 등 특별한 사유가 있는 경우에는 4,000만 원 혹은 1억 원 이상이 인정된 사례도 있다.

그리고 배우자와 상간자에게 동시에 위자료를 청구하는 경우에, 그 두 사람에게 인정되는 위자료채무들의 관계는 이른바 연대채무 관계이기 때문에 합산되는 것이 아니라 부분집합 관계임을 유의해야 한다.

예를 들어 설명해 보자면,

배우자에게는 위자료 5,000만 원이 인정되었고, 상간자에게는 3,000만 원이 인정되었다면, 받는 위자료 총액이 8,000만 원(5,000만 원 + 3,000만 원)이 아닌 5,000만 원이다.

이는 배우자의 위자료채무과 상간자의 위자료채무가 연대채무관계이기 때문인데, 따라서 예컨대, 상간자에게 3,000만 원을 받았다면, 배우자한테는 2,000만 원밖에 못 받으며, 배우자에게 5,000만 원을 모두 받았다면 상간자에게는 더 이상 위자료를 추심할 수 없다.

많이 착오하는 점이다.

배우자의 부정행위는 이른바 '재판상이혼사유'로서 배우자의 의사에 반해서 이혼을 할 수 있는 사유이므로, 법원에 이혼소송을 제기하면 제아무리 외도한 배우자가 이혼을 원하지 않는다고 변론하거나 혼인관계 회복을 원해도, 판결에 의해서 강제로 이혼된다.

그리고 반대로 부정행위를 저지른 배우자는 이른바 "유책배우자"가 되고, 판례에 의하면 유책배우자는 이혼소송을 청구할 수 없으므로, 결국 부정행위를 저질러서 유책배우자가 이미 되어 버린 배우자가 제아무리 이혼소송을 제기해도 상대방배우자가 이혼을 원하지 않는다는 의사를 피력하면, 이혼기각 판결이 선고된다.

이런 경우 통상 유책배우자가 생활비를 끊는 경우가 많은데, 그런 경우에는 부양료를 청구해서 생활비를 받아 쓰는 것으로 대처하면 되고, 이혼하는 것으로 결정한 경우에도 배우자의 부정행위를 입증할 증거가 확실하고 부정행위 한 경위에 있어서 비난가능성이 크다면, 재산분할의 배상적기능 때문에 재산분할에서도 많이 유리한 판결을 받아낼 수 있다.

유흥업소에 출입하면
부정행위에 해당할까?

과거에는 남편이 노래방에서 도우미를 불러 유흥을 즐겼다느니 룸 싸롱을 출입하였다느니 하는 문제로 이혼상담을 요청해오는 경우가 대부분이었지만, 요즘에는 처가 노래방에서 남자도우미를 불렀다느니 호스트바를 드나드는 문제로 상담요청해오는 경우도 가끔 있고, 이들 문제가 이혼소송에서 부정행위와 관련해서 문제되는 경우가 드물지 않게 존재한다.

법률적으로만 본다면, 노래방에서 도우미를 불러 논다든가 아니면 룸살롱, 가라오케, 호스트바 등을 출입하는 것만으로는 부정행위가 되지 않는다. 과도한 스킨십을 한다든가 아니면 2차를 간다든가 하는 사정이 입증되어야 부정행위로 해석된다.

만약 노래방, 호스트바, 룸싸롱 출입이 부정행위에 해당된다면, 그 유흥업소들은 상간자소송이나 불법행위 소송에서 공동피고가 되어 존립 자체가 불가능하게 될 것임에도, 그 업소들이 여전히 성업 중인 사실만 보더라도 그 출입만으로는 부정행위가 되지 않음은 명백하다.

법과 현실에 있어서 괴리가 있는 경우라고 할 수 있는데, 이는 실무함에 있어 힘든 점이기도 하다.

언젠가, "호스트바를 출입하는 처의 행위가 부정행위에 해당하지 않느냐?"면서 이혼소송 상담을 해오시는 신사분이 계셨는데, 필자가 눈치 없게도 "처가 호스트바에 출입하는 사실만으로는 부정행위에 해당하지 않는다."고 직설했다가, 버럭버럭 화내시는 모습을 그대로 지켜보아야 하는 곤혹을 치른 적이 있다.

돌려서 말씀드려야 했는데, 직설적으로 결론을 내려버린 필자 잘못이다.

그렇다고 해서 유흥업소 출입이 무조건 유책행위가 되지 않는 것은 아니다.

즉 부정행위가 당연히 되는 것은 아니지만 과도한 유흥을 즐기는 것은 "기타 혼인을 계속하기 어려운 중대한 사유가 있는 경우"에 해당될 수 있고, 이러한 경우에는 과도한 유흥으로 말미암아 혼인관계를 파탄시켰으므로 유책배우자로서 위자료책임까지 질 수 있다.

하지만 이 경우에는 이혼소송에서 유흥을 즐기는 정도가 과도한 정도에 이르느냐 하는 문제가 항상 다투어진다. 즉, 부정행위의 경우에는 1회의 사유만 있어도 바로 유책행위가 되는 반면, 유흥의 경우에는 노래방에서 도우미를 불러 놀았다는 사유 혹은 룸살롱이나 호스트바를 출입하였다는 사실만으로 유책행위로 해석되지는 않고, 그 횟수, 스킨십 정도, 소득과 유흥비를 비교해서 그 정도가 과도한 정도인지를 판단하게 된다.

따라서 배우자가 노래방에서 도우미를 불러 유흥을 즐기는 횟수, 유흥비로 쓰는 금액이나 그 횟수 등에 대한 증거를 수집해 놓는 게 좋다. 물론 배우자가 유흥업소에서 카드결제를 했다거나 계좌이체를 했다면야 이혼소송 과정에서 카드결제내역이나 금융거래내역을 조회해 보면 바로 나오겠지만 현금으로 결제한 경우에는 다녀온 사실, 돈을 얼마나 썼는지에 대한 대화녹음이나 카톡, 문자대화내용이 필요할 수 있다.

배우자가 가출하면 무조건 악의의 유기?

이혼소송 실무를 하다 보면 '배우자가 가출했다면 무조건 악의의 유기'를 주장하시는 분들이 있다.

일반인이 아닌 이혼전문가조차도 "배우자가 가출했으니 이는 재판상이혼사유인 '악의의 유기'에 해당한다"고 주장하는 경우가 있는데, 결론부터 말하면, 배우자가 가출했다고 해서 무조건 '악의의 유기'가 되는 것은 아니다.

민법이 제840조에서 '배우자가 다른 일방을 악의로 유기한 때'를 두 번째 재판상이혼사유로서 규정하고 있긴 하지만 이 '악의의 유기'가 무엇을 의미하는지 정확하게 이해하지 못하는 데서 그런 오해가 생긴다.

그렇다면 판례는 이 '악의의 유기'를 어떻게 이해하고 있을까?

대법원 판례를 보면, 그 의미에 대해서 '배우자가 악의로 다른 일방을 유기한 때라 함은, 배우자가 정당한 이유 없이 서로 동거, 부양, 협조하여야 할 부부로서의 의무를 포기하고 다른 일방을 버린 경우를 뜻한다.'[대법원 1998. 4. 1. 자 96므1434 판결]라고 하고 있다.

그렇다면 위 판례가 설시하고 있는 '악의의 유기' 의미에서 가장 키포인트가 되는 말은 과연 무엇일까?

대부분의 일반인이나 이혼전문가들은 '부부로서의 동거, 부양, 협조의무 포기'라는 말에 중점을 두고 있지만, 사실은 '다른 일방을 버렸다.'는 말이 가장 키포인트가 된다.

그렇다면, 실무상 법원은 어떤 경우를 "다른 일방 배우자를 버렸다."고 해석할까?

실무에서 법원은 '악의의 유기'의 의미를 '자활 능력이 없는 배우자 혹은 그 자녀까지 방치하는 것'으로 이해한다.

그렇기 때문에 부부 중 일방이 가출했다고 해서 무조건 악의의 유기라고 해석하지 않고, 남겨진 배우자나 그 자녀가 스스로의 생존이 불가능하거나 곤란한 상태를 방치하였거나 병환 등을 이유로 자체적인 생활이 불가능한 사정을 방치한 채 가출했을 때만 악의의 유기에 해당하는 것으로 법적용하고 있다.

그래서 ① 배우자가 가출했더라도 남겨진 가족에게 자활능력이 있다면 동거의무위반은 될지언정 악의의 유기는 되지 않고 ② 반대로 가출하지 않고 동거를 하면서 배우자에게 생활비를 전혀 주지 않는 등의 방법으로 나머지 가족의 생활을 현저히 불가능하게 하거나 곤란하게 하는 경우에는 비록 동거하고 있더라도 악의의 유기에 해당하는 것으로 해석한다.

③ 그리고 가정경제를 책임지고 있는 일방의 배우자가 가출했더라도 남겨진 배우자나 그 자녀들에게 생활비를 지원하였다면 부부간 동거, 협조의무 위반은 될지언정 악의의 유기로까지는 해석하지 않는다.

또한 재판상이혼사유로서의 "유기"는 "악의의" 유기이기 때문에 악의가 아닌 정당한 사정이 있는 경우에는 재판상이혼사유로서의 악의의 유기에는 해당하지 않는다.

따라서 ① '학대에 못 이겨 어쩔 수 없이 집을 나온 경우',
② '가정불화가 심화되어 처 및 자녀들의 냉대가 극심해지자 가장으로서 이를 피하여 자제케 하고 그 뜻을 꺾기 위하여 일시적으로 집을 나와 별거하고 가정불화가 심히 악화된 기간 이후부터 생활비를 지급하지 아니한 것뿐이고 달리 부부생활을 폐지하기 위하여 가출한 것이 아닌 경우'[대법원 1986. 6. 24.자 85므6 판결],
③ 구직 활동이나 소득활동이 여의치 않아 생활비를 주지 못하는 경우,

④ 부부 중 일방이 상대방배우자와의 주거에서 나와 별거하게 된 것이 상대방배우자의 폭행과 법원의 조언 및 상대방배우자의 동의에 의한 경우[대법원 1986. 5. 27.자 85므87 판결],

⑤ 징역형을 선고받아 교도소에서 형집행 중이어서 동거생활을 하지 못한 경우[대구고등법원 1966. 10. 21. 자 66르161 판결],

⑥ 시어머니가 며느리와 그 친정을 무시하고 정신적으로 부당한 대우를 하였고 나아가서는 구타하여 상해까지 입게 하였을 뿐만 아니라 시아버지의 고소로 구속까지 되었는데, 구속되기 약 한 달 전부터 남편은 그 부모들이 경영하는 식당에서 자면서 집에 오지도 아니하였을 뿐더러 시아버지의 고소로 인한 구속에서 석방된 처지로서 남편과의 혼인이 이미 파탄되었다고 판단한 나머지 집으로 귀가하지 아니한 경우[서울고등법원 1990. 11. 16.자 90르1908 판결]

⑦ 의처증에 따른 구타 학대를 피해 가출한 경우[대법원 1981. 9. 8.자 80므53 판결] 등과 같이,

정당한 사유가 있는 경우에는 이혼사유로서의 악의의 유기에 해당하지 않는다.

하지만, ① 장남의 간호양육을 소홀히 하고 춤바람이 나서 각지로 돌아다니면서 세 차례에 걸쳐 10일 내지 1개월간 가출한 점에 대하여 남편으로부터 용서를 받고도 또다시 가재도구 일체를 챙겨서 무단가출한 경우[대법원 1984. 7. 10. 선고 84므27, 84므28 판결], ② 남편이 종교적 신념에 의해 정신이상의 증세가 있는 아내를 두고 출가하

이혼승소를 위한 이혼전문변호사들의 秘書

여 비구승이 된 경우[대법원 1990. 11. 9. 자 90므583 판결] 등과 같이, 유기함에 있어서 정당한 사유가 없는 경우에는 재판상 이혼사유로서의 악의의 유기에 해당한다.

사실 간혹 1심이나 2심과 같은 하급심에서는 법리를 오해하여 단순히 동거의무 위반의 사정만 있음에도 악의의 유기로 판단하는 판결이 선고되기도 하는데, 그러한 판결은 대법원에 상고되기만 하면 여지없이 판결이 뒤집힌다.

그런 것을 보면, 판사님이라고 해서 법을 다 아는 것은 아니다.

법에 대한 공부는 평생 아니 영원히 하더라도 정복되지 않는다.

공부해야 할 양이 워낙 많고 그 깊이를 헤아릴 수 없기 때문이다.

완벽에 가까워지려는 끝없는 노력만이 있을 뿐 완성이라는 것은 없는 것, 바로 그런 것이 법학이고 법률가의 길이다.

이혼소송 전에 집을 나가면 불리할까?

"이혼을 생각하고 있는데, 집을 나가 별거하게 되면 이혼소송에서 불리하게 작용하느냐?"라는 질문을 받곤 한다.

우선 결론부터 말하자면, 불리한 경우도 있고, 전혀 불리하지 않은 경우도 있다.

불리한 경우는 ① 별다른 이혼사유가 존재하지 않거나 혹은 ② 혼인관계가 파탄났다고 볼 수 없음에도 불구하고 섣불리 집을 나오는 경우 등이다.

민법에서는 "부부간의 동거의무"를 규정하고 있다. 그럼에도 불구하고 이혼사유가 특별히 존재하지 않거나 파탄났다고 단정할 수 없음에도 불구하고 집을 나오는 것은 동거의무의 불이행이 되고 따라서 집을 가출하여 별거하게 되는 것이 유책으로 인정될 수 있다.

특히 이러한 경우에 미성년인 자녀까지 집에 두고 나오게 된다면 동거의무 불이행에 더하여 부양, 협조의무의 불이행까지 될 수 있으므로 위험한 행동이다.

그리고 부부갈등이 있을 때마다 가출을 반복하는 경우가 있는데, 이 또한 불리한 행동이다. 이혼판결문을 분석하다 보면, 배우자의 잦은 가출을 문제삼는 판결문을 자주 볼 수 있는데, 법원에서는 부부갈등이 있을 경우 대화 등을 통해 부부갈등을 해소하려는 노력을 해야 한다는 견지에 서 있기 때문이다.

그 다음으로 가출이 절대 불리하게 작용하지 않는 경우는, 불리하게 작용하는 경우와 정반대인데 즉, ① 확실한 이혼사유가 존재하고 그 증거도 확보되어 있는 경우이거나 혹은 ② 혼인관계가 이미 파탄났다고 볼 수 있는 경우에는 집을 나와 얼마든지 별거해도 괜찮다.

예컨대, 배우자가 폭행을 했거나 외도를 한 경우에 그 증거가 확보되었다면 얼마든지 집을 나와도 괜찮다. 특히 폭행이 있었다면 당연히 위험을 피해야 하기 때문에 집을 나와야 하는 경우이다.

그리고 ① 시부모나 장인장모, 시누이, 시동생, 처남, 처제 등으로부터 참을 수 없는 부당한 대우를 당한 경우, ② 배우자 등으로부터 욕설과 같은 폭언이 있었던 경우, ③ 기타 과다한 음주나 흡연, 성격 차이 등으로 말미암아 부부갈등이 심해져 파탄난 혼인관계가 회복

불가능하다고 판단되는 경우, ④ 배우자가 생활비를 주지 않아 생계를 이어가는 것이 불가능한 경우 등에도 얼마든지 집을 나와 별거해도 괜찮은 경우이다.

또한 미성년자녀가 있는 경우에는 집을 나올 때 가능한 한 자녀를 데리고 나오는 것이 좋다. 자녀를 데리고 나와야 양육권을 확보하는데 유리한 것도 있지만 양육권을 떠나서 샅바싸움에서 좋은 점수를 딸 수 있기 때문이다.

이혼분야에서 샅바싸움이라는 것은 "우리 편이 피해자이고 선의 편이며 눈물을 닦아 줘야 하는 사람은 바로 우리 측이고, 가해자이며 악의 편이고 회초리를 대야 할 사람은 바로 상대방"이라는 인상을 판사님께 주는 것을 말한다.

사실 이혼소송에서 가장 중요한 싸움이 바로 샅바싸움이라고 할수 있다. 샅바싸움을 잘해야 위자료와 재산분할을 많이 받을 수 있을 뿐만이 아니라 친권, 양육권, 양육비, 면접교섭권 싸움에서도 유리한 판결을 받아낼 수 있기 때문이다.

안타깝지만 이혼소송에서 샅바싸움의 중요성을 강조하는 이혼전문가는 우리 솔로몬이 유일한 듯싶다.

이혼승소를 위한 이혼전문변호사들의 秘書

성격차이가 이혼사유가 되려면...

인터넷을 뒤져 보면, "성격차이가 이혼사유가 되는지?"에 대해서 많은 분들이 궁금해하시는 것 같다. 그와 관련된 많은 글들이 보이기 때문이다.

그렇지만 이에 대한 답을 간단하게 드리는 것은 쉽지 않고 좀 긴 설명이 필요하다.

그래서 이번에는 이에 대해 뿌리까지 뽑아 버린다는 마음으로 자세히 설명해 보기로 한다.

"성격차이가 이혼사유가 되는지"에 대해서 정확히 이해하려면, 우선적으로 여섯 번째 마지막 재판상이혼사유인 "기타 혼인을 계속하기 어려운 중대한 사유가 있는 경우"에 대한 정확한 이해가 선행되어야 한다.

민법 840조에서는 재판상이혼사유로 6가지를 규정하고 있는데, 간단히 다시 언급해 보자면,

1. 배우자의 부정행위,
2. 악의의 유기
3. 배우자나 그 직계존속으로부터의 부당한 대우
4. 자기의 직계존속이 배우자로부터 부당한 대우를 당한 때.
5. 3년 이상 생사불분명
6. 기타 혼인을 계속하기 어려운 중대한 사유가 있는 경우

등이 바로 그것이다.

그런데 가만히 살펴보면, 앞선 5가지 이혼사유는 매우 구체적으로 규정되어 있는 반면, 맨 마지막인 여섯 번째 이혼사유는 매우 추상적으로 규정되어 있음을 알 수 있다.

이는 별일이 다 벌어지는 세상에서 모든 이혼사유를 제한적 열거적으로 규정할 수 없다는 현실적인 한계를 인정하고, 이를 보충하기 위한 규정이기 때문이다.

즉, 앞선 5가지 이혼사유에는 해당하지 않더라도, 그에 필적할 만한 사유가 있다면, 이 또한 이혼사유가 될 수 있는 길을 열어놓은 것이라는 말이다.

그렇다 보니 맨 마지막 여섯 번째 이혼사유는 "기타 혼인을 계속하기 어려운 중대한 사유"라고 규정함으로써 매우 추상적이게 된 것이다.

따라서 이러한 추상적인 규정의 의미에 대한 해석이 필요한데, 이에 대해서는 많은 학자들의 견해와 판례의 해석이 존재한다.

하지만 실무에서는 판례의 입장이 가장 중요하기 때문에, 오늘은 판례의 입장과 해석에만 귀를 기울여본다.

판례는, 일관되게 '혼인을 계속하기 어려운 중대한 사유가 있는 경우'의 의미에 대해서 '부부간의 애정과 신뢰가 바탕이 되어야 할 혼인의 본질에 상응하는 부부 공동생활관계가 회복하기 어려울 정도로 파탄되어 그 혼인생활의 계속을 강요하는 것이 일방 배우자에게 참을 수 없는 고통이 되는 경우를 말한다.'라고 판시하면서(대법원 2000. 9. 5. 선고 99므1886 판결 외 다수), 이를 판단함에 있어서는

'그 파탄의 정도, 혼인계속의사의 유무, 파탄의 원인에 관한 당사자의 책임유무, 혼인생활의 기간, 자녀의 유무, 당사자의 연령, 이혼 후의 생활 보장 기타 혼인관계의 제반사정을 두루 고려하여야 한다.'라고 판시하고 있다(대법원 1987. 7. 21.선고 87므24 판결).

그리고 해석상 당연히 민법 840조에서 규정하고 있는 앞선 재판상

이혼사유 5가지 사유에 필적할 정도의 사유여야 한다.

따라서 결과적으로 성격차이나 부부관계 거부 등등의 사유로 "혼인을 계속하기 어려운 중대한 사유"가 있다고 주장하려면,

① 그러한 사유로 혼인관계가 이미 파탄이 났고,
② 회복 불가능하며,
③ 혼인계속을 강요하는 것이 참을 수 없는 고통이 되고,
④ 앞선 이혼사유 5가지에 필적할 만한 사유

라는 점이 입증되어야 한다.

이렇게 판례의 입장을 곧이곧대로 적용하면, 그 어떠한 사유도 "혼인을 계속하기 어려운 중대한 사유"에 해당한다고 인정받는 것이 불가능해 보인다.

물론 쉽지는 않지만, 반드시 불가능한 것만은 아니다.

왜냐하면, 앞서 소개한 판례에서 당사자가 주장하는 사유가 "혼인을 계속하기 어려운 중대한 사유"에 해당하는지 여부는 ① 파탄의 정도, ② 혼인계속의사의 유무, ③ 파탄의 원인에 당사자의 책임유무, ④ 혼인생활의 기간, ⑤ 자녀의 유무, ⑥ 당사자 연령, ⑦ 이혼 이후의 생활보장, ⑧ 기타 혼인관계의 제반사정 등을 두루 고려하여서 판단

한다고 하고 있는데, 이 판례를 잘 분석해 보면 해답이 보이기 때문이다.

즉 위 판례의 핵심은 "혼인을 계속하기 어려운 중대한 사유"에 해당하는지 여부에 대한 기준의 난이도 정도를 높이뛰기 허들의 높이에 비유하자면, 사건마다 그 허들의 높이가 동일한 것이 아니라는 점이다.

어떤 사안은 높이 0.5m 높이의 허들만 넘으면 되고, 또 어떤 사안은 3m가 넘는 높이의 허들을 넘어야 "혼인을 계속하기 어려운 중대한 사유"가 있는 경우로 인정받는 것이다.

① 혼인기간이 길수록, ② 별거기간이 길어 파탄의 정도가 심할수록, ③ 혼인 중 슬하에 자녀가 있을수록, ④ 이혼 이후의 생계보장이 불확실할수록, ⑤ 당사자의 나이가 많을수록, ⑥ 이혼을 반대하는 배우자가 혼인유지의 의사가 강할수록 높이뛰기 허들의 높이가 높아지고, 그 반대일수록 허들의 높이는 낮아진다.

예컨대, 혼인한 지 채 1년이 안 되었고, 슬하에 자녀도 없으며, 이혼을 거부하는 배우자가 고소득자인 데다 부자여서 생계보장의 염려가 없다면, 허들의 높이는 채 0.5m도 안 되는 사안이고,

혼인기간이 20년이 넘고, 슬하에 자녀 중 미성년자녀도 있으며, 이

혼을 거부하는 배우자가 경력단절로서 전업주부로 살아온 데다가 부부공동재산이 채 5천만 원도 안 되어 이혼 후 생계보장이 심히 염려되는 상황이라면, 허들의 높이는 3m 이상이 되는 사안이다.

따라서 똑같은 사유라고 하더라도 혼인관계의 제반사정에 따라 "혼인을 계속하기 어려운 중대한 사유"에 해당되어 이혼사유가 되기도 하고 되지 않기도 한다.

자~~ 그럼 처음의 문제인 성격차이로 돌아와 답을 구해 보자면,

누가 "성격차이가 이혼사유가 되는지요?"라고 물어온다면, 여러분들은 이제 아래와 같이 답해야 한다.

'부부사이의 성격차이로 인하여 ① 혼인관계가 이미 파탄이 났고, ② 회복불가능하며, ③ 혼인계속을 강요하는 것이 참을 수 없는 고통이 되고, ④ 그 성격차이 정도가 배우자의 부정행위, 악의의 유기, 폭언이나 폭행과 같은 부당한 대우, 3년 이상 생사불분명과 같은 정도라고 인정되어야 하고, 그 기준 통과 여부는 ① 부부 혼인기간과 연령, ② 자녀 특히 미성년자녀의 유무, ③ 이혼 후 생계보장의 염려 유무 등을 알아야 판단할 수 있다.'라고 말이다.

대부분의 사람들은 경우의 수를 싫어한다. 그저 어느 사안에나 일관되게 적용되는 하나의 답을 원한다.

이혼승소를 위한 이혼전문변호사들의 秘書

하지만 세상에 그런 법은 존재하지 않는다.

만약 법이 그렇게 획일적으로 규정되어 있고 해석된다면 변호사나 판사도 필요 없고, 실력 있는 변호사를 찾아 헤맬 필요도 없다.

따라서 같은 사건이더라도 무엇을 어떻게 주장하느냐에 따라 그 결과는 천차만별이기 마련이다.

성격차이로 이혼소송을 한다고 할 때 어떤 것을 어떻게 주장하느냐에 따라 넘어야 하는 허들의 높이가 달라진다.

일반인뿐만 아니라 이혼전문가들조차도 대부분 법학이 이과 학문이 아닌 문과 학문이라고 생각하는 것 같다. 그래서 대부분의 이혼전문가들은 이혼소송을 하면서 분석적으로 접근하려 하지 않는다.

하지만 법학은 수학적 사고와 논리적 사고가 반드시 필요한 이과 학문에 가깝다. 통합적인 사고도 필요하지만 분석적인 사고가 더 필요한 부분이 있다는 점에서 말이다.

우주선을 우주로 쏘아 올려서 화성에 도달한 후 탐사하고 다시 지구로 돌아오려면 아주 치밀한 계산이 필요할 것이고, 정밀한 반도체나 컴퓨터를 만들어내려 해도 치밀한 계산이 필요하듯이 법학도 사건을 제대로 처리하려면 치밀하게 법리와 판례를 분석하고 사건을 어떤 방향으로 진행할지에 대한 정확한 계산이 필요하다.

하지만 필자가 경험한 바로는 대부분의 이혼전문가들은 주먹구구식으로 사건을 바라보고 처리하는 것이 현실이다.

다시 말하지만 법학은 정확한 원리와 개념에 대한 이해를 기반으로 정밀한 공식으로 풀어내는 수학이나 공학과 같은 학문으로 접근해야 한다.

절대 주먹구구식으로 접근해서는 안 된다는 말을 꼭 덧붙이고 싶다.

성기능장애가 이혼사유가 될까?

근래 들어 조루나 지루, 발기불능, 불감증과 같은 배우자의 성기능장애로 인한 이혼을 고민하는 사례가 급격히 증가하는 것 같다.

옛날에도 그런 경우가 많았지만 이혼이 흉이 되던 시절이었기 때문에 밖으로 드러나지 않았던 것인지 아니면 현대에 이르러 스트레스가 증가하다 보니 성기능장애 또한 더불어 증가된 것인지는 정확하게 알 수 없지만 최근 들어 특히나 젊은 부부에게서 배우자의 성기능장애로 인한 이혼을 고민하는 커플이 증가한 것만은 사실이다.

우선 배우자의 성기능장애가 이혼사유가 될 수 있는지가 문제인데, 이는 곧 성격차이로 인한 이혼문제와 마찬가지로 성기능장애로 인한 갈등이 '기타 혼인을 계속하기 어려운 중대한 사유가 있는 경우'에 해당하는지의 문제로 귀결된다.

따라서 배우자의 성기능장애가 이혼사유가 되려면, ① 성기능장애로 인한 갈등으로 부부간의 혼인관계가 이미 파탄이 났고, ② 그 파탄 난 혼인관계가 회복불가능하며, ③ 그럼에도 혼인관계를 유지할 것을 강요하게 되면 상대방배우자에게 참을 수 없는 고통이 되는 정도에 이르러야 한다.

이와 같이 배우자의 성기능장애로 인한 갈등이 이혼사유가 되려면 위 3가지 요건을 모두 충족해야 하기 때문에 딱~! 봐도 이혼이 그리 녹록하지는 않아 보인다.

그렇기 때문에 구체적인 판례의 입장을 살필 필요가 있는데, 배우자의 성기능장애와 관련되어 선고되는 전국 가정법원 판례들을 분석해 보면, ① 배우자의 성기능장애가 치료가 불가능한 경우이거나 ② 이유 없이 치료를 거부하거나 비협조적인 경우에는 대개 이혼사유에 해당하는 것으로 해석하는 경향이 있다.

따라서 치료가 가능하거나 그 치료에 적극적으로 협조하는 경우에는 이혼사유에 해당하지 않는 것으로 보아 혼인관계를 지속시킨다.

다만, 성기능장애가 노화의 과정에서 발생하였거나 병환의 과정에서 합병으로 발생한 경우에는 당연히 치료가 불가능하더라도 이혼사유로 삼지 않는 경향이 강하고, 반대로 부부 당사자가 젊을수록, 아이가 없을수록 성기능장애를 이혼사유에 해당하는 것으로 해석해 버리는 경향이 크다.

이혼승소를 위한 이혼전문변호사들의 秘書

쇼윈도부부, 이혼사유가 될까?

　여섯 번째 이혼사유 즉 '기타 혼인을 계속하기 어려운 중대한 사유'가 존재하는 부부들을 보면 하나같이 존재하는 공통점이 있는데, 부부가 각방을 쓰거나 별거하거나, 집에서 서로 투명인간 취급하거나 쇼윈도 부부이거나 서로 못 잡아먹어서 안달인 경우가 많다.

　물론 그런 경우에 무조건 여섯 번째 재판상이혼사유에 해당한다고 단정해서는 안 된다.

　그런 경우라 하더라도 재판부는 ① 그 부부관계가 회복 가능한지 여부, ② 이혼을 거부하는 배우자에게 부부관계를 회복할 의지가 있는지, ③ 회복을 위해 노력은 하고 있는지 여부를 살핀 후, 필요하면 조정절차를 거치거나 부부상담을 권면하거나 심한 경우 심리치료절차를 거치기도 한다.

　그러다 보니 이혼만큼은 절대로 원하지 않는 배우자 측은 소송절차 내에서 부부상담절차나 심리치료절차로 가기를 원하는 경우가 많다.

하지만 무조건 그러한 절차가 진행되는 것은 아니고 이혼을 원하지 않는 배우자 측이 부부관계회복의 의지가 있음을 그리고 회복가능성이 존재함을 보여줘야 한다.

그런데 이 경우에 이혼을 원하지 않는 배우자 측이 크게 착각하는 경우가 있다.

즉, 상담사나 심리치료사가 부부관계의 회복을 도모하거나 부부관계회복을 시켜줄 것이라고 착각하는 것이다.

하지만 실무를 해 보면, 그러한 절차는 실질적으로 형식적인 절차에 불구한 경우가 대부분이다.

그렇기 때문에 부부상담사, 심리치료사가 무엇인가를 해줄 것이라고 기대하지 말고, 그러한 절차는 다행히 부부가 서로 얼굴을 맞댈 수 있는 기회, 서로 말을 섞을 수 있는 기회가 생겼을 뿐이라고 생각해야 한다.

그렇지 않고 절차 내에서 무엇인가 자동으로 될 것이라고 생각하면 그 소송은 무조건 패소한다.

그래서 이러한 사실을 잘 아는 필자는 이혼을 원하는 배우자 측을 변론할 때에는 그 절차에 형식적으로만 응하시면 된다고 조언하고, 이혼을 원하지 않는 배우자 측을 변론할 때에는 그 절차는 그냥 상대방

배우자와 만날 기회, 말을 섞을 기회가 주어진 것에 불과하므로 그 기회나 시간을 소중히 이용해서 부부관계 회복을 위해 별도의 노력을 해야 한다고 조언한다.

이혼소송을 해 보면, 많은 분이 이혼소송이라는 것을 처음부터 답이 이미 정해져 있는 것으로 착각하곤 한다.

즉,

"이러이러한 사정이 있으면 재판상이혼사유가 인정되겠지요?"

"이러이러한 사유라면 위자료가 3,000만 원 정도는 인정되겠지요?"

"재산형성과정이 이러하면 재산분할 기여도가 최소한 50% 이상 인정되겠지요?"

"이러한 상황이면 내가 친권자, 양육자로 지정되고 양육비는 월 100만 원 정도 인정되겠지요? 양육비산정기준표 보니까 그 정도 금액이 나오던데요?"

등과 같이 이혼소송 전에 이미 답이 내려져 있는 것으로 착각하는 것이다.

하지만 실무는 전혀 그렇지 않다.

① 같은 사유라도 재판상이혼사유가 인정될 수도 있고 인정되지 않을 수도 있으며,

② 위자료가 안 나올 수도 있고 5,000만 원 이상 인정될 수도 있으며,

③ 재산분할 기여도가 10% 인정될 수도 있고 90% 인정될 수도 있으며,

④ 같은 사정이더라도 소송을 어떻게 수행하느냐에 따라 친권자, 양육자로 지정될 수도 있고 지정되지 않을 수도 있으며,

⑤ 양육비가 산정기준표보다 적게 인정될 수도 있고, 그보다 많이 인정될 수도 있다.

라는 생각으로 이혼소송에 임해야 좋은 성과를 낼 수 있다.

소송 중에 어떠한 사실을 주장할 것이며, 그 사실을 인정받기 위해서 어떤 증거를 어떤 시점에 그리고 어떻게 제출할 것이고, 증거가 없다면 변론의 전취지로 어떻게 사실을 주장해서 공략할 것인지, 그리고 어떠한 전략을 가지고 소송에 대응할 것인지, 태도는 어떤 태도를 취할 것이며, 주변 여건을 어떻게 형성할 것인지 여부 등에 따라서 그 결과는 천차만별이라는 사실을 명심해야 한다.

이혼상담 시 이러한 사실들을 아무리 강조해도 사람들은 들으려고 조차 하지 않거나 믿으려고 하지 않는 경우가 종종 있다.

참으로 답답하기 이를 데 없는데, 그래서 우리 솔로몬이 누차 강조하기를 '소송 중에 가장 어려운 소송이 이혼소송이고, 이혼소송은 이미 정해진 것이 아니라 만들어가는 것이다.'라고 하는 것이다.

이단 종교에 빠진 배우자, 이혼사유가 될까?

"배우자가 이단종교에 빠졌는데, 아무리 설득해도 소용없다."면서 이혼을 고민하시는 분들을 간혹 만나게 된다.

이렇게 글을 쓰는 필자도 "종교적 신념"이라는 것이 얼마나 무섭고 많은 것들을 변화시킬 수 있는지에 대해서 보고 듣고 경험한 바가 워낙 많은지라 이러한 문제가 가벼이 넘길 수 없는 중대한 일임을 잘 안다.

① 대학시절 종교에 빠져 학업까지 그만두는 친구들, ② 사법고시를 준비하다가 종교에 귀의하는 친구들, ③ 직장생활 잘 하고 자식 낳고 잘 살다가 모든 재산을 종교단체에 기부하고 종교에 귀의하는 친구들을 워낙 많이 봐왔던지라 비단 매스컴에서 들려오는 소식이 아니더라도 이단종교에 빠진 배우자로 인해서 받는 그 고통이 어느 정도로 큰지를 잘 안다.

지금도 국가 간의 전쟁이나 내전의 많은 수가 종교적 신념으로 인한 것이고, 많은 종교가 경전으로 삼고 있는 성경 중 구약의 모세 5경은 어떻게 보면 종교적 신념에 의한 전쟁의 역사라고 볼 수도 있다.

이처럼 종교적 신념은 국가나 사회뿐만 아니라 개인의 인생에까지도 많은 변화를 초래한다.

종교적 신념에 의해서 가치관도 변하고 세계관이나 인생관도 모두 바뀌며, 향후의 모든 결정이 종교적 신념에 따르게 되기 때문에 배우자가 이단 종교에 일단 빠지게 되면 자녀의 교육문제나 배우자의 생활패턴, 가족분위기 등 모든 것이 바뀌게 되어 상대방배우자로서는 굉장히 힘들 수 있는 일이다.

게다가 종교단체들 중 일부는 극단적인 교리를 가지고 있기 때문에 때로는 위험할 수도 있고 말이다.

하지만 우리나라 헌법은 제20조에서 "모든 국민은 종교의 자유를 가진다."라고 규정하고 있고, 제11조에서는 "모든 국민은 … 누구든지 … 종교…에 의하여 정치적·경제적·사회적·문화적 생활의 모든 영역에 있어서 차별을 받지 아니한다."라고 규정함으로써 "종교의 자유"를 선언하고 있다.
따라서 법적으로는 누가 어떤 교리의 어떤 종교를 믿든 그것만으로는 문제 삼을 수 없다.

그렇기 때문에 배우자가 이단종교에 빠졌다는 이유만으로는 이혼사유로 삼을 수 없다.

개인적 생각으로는 종교의 자유는 보장하되, 사회적으로 물의를 일으킬 수 있는 교리를 가지고 있거나 활동하는 종교단체에 대한 처벌이나 단속을 더더욱 강화해나가야 하지 않을까 싶은데, 이는 종교문제로 인해 발생하는 사회적 비용이 너무 크기 때문이다.

그렇기 때문에 우리나라 법원도 이러한 취지에서 "종교의 자유"를 보장하여 이단종교에 빠졌다는 사실만으로는 이혼사유로 삼고 있지 않고 있지만,

종교적 신념에 의해서 ① 종교 교리공부만 시키고 자녀를 학교에 보내지 않는다든지 아니면 보편적인 교육과정에서 벗어나 종교적인 교육과정만을 고집한다든지, ② 종교생활에 빠져서 일주일 내내 거의 얼굴을 보기 힘들 정도로 새벽에 나가서 밤늦게 들어오는 등 과도한 시간을 종교활동에 몰입하거나 ③ 금전을 지나치게 종교단체에 헌납한다든지 ④ 가족들에게 개종을 지나치게 강요한다거나 ⑤ 경제적활동을 중단하여 가족의 생계에 위협을 가져온다든지 ⑥ 신앙생활과 가정생활이 양립할 수 없을 정도로 가정생활을 등한시하는 경우[대법원 1989. 9. 12. 자 89므51 판결] 등과 같은 사유가 있다면,

재판상이혼사유 6가지 중 ① '배우자에 대한 부당한 대우' 혹은 ② '혼인을 계속하기 어려운 중대한 사유가 있는 때'에 해당되어 이혼사

유에 해당될 뿐만 아니라 유책사유 및 위자료청구사유에 해당되어 위자료책임까지 물을 수 있도록 하고 있다.

하지만 필자는 개인적으로 법원이 현재 이단종교에 빠져 가정을 위태롭게 하는 유책배우자에게 지우는 책임보다 훨씬 더 무거운 책임을 지워야 한다고 생각한다.

지금처럼 위자료 2~3천만 원을 배상시키는 정도로는 그 책임을 묻는 데 너무 소극적이라는 판단이다.

그리고 무엇보다 종교라는 허울을 쓰고 ① 가정을 약탈하고 ② 사람 영혼을 빼앗고 ③ 개인의 인생을 구렁텅이로 몰고 가며 ④ 사회와 국가에 물의를 일으키는 이단종교에 대한 단속과 처벌을 강화시켜야 한다고 우리 솔로몬은 믿고 있다.

종교라는 것은 총칼이나 마약처럼 좋은 곳에 쓸 수 있는 매우 유익한 것이지만, 잘못 쓰면 그 무엇보다 위험한 것이라는 생각을 지울 수 없다.

신앙인으로서의 우리 솔로몬이 생각해 보아도 종교라는 것이 유익하기도 하지만 참으로 무섭고 두려운 것이기도 하다.

고부, 장서갈등, 중재하지 않고 방치하면

우선 고부갈등을 중심으로 설명하지만, 요즈음은 과거와 다르게 장서갈등이 문제되는 경우도 많다. 이하에서 편의상 고부갈등으로만 표현하지만, 고부갈등이란 단어 속에 장서갈등도 포함된 개념이라고 생각하고 읽어주었으면 한다.

"고부갈등이 심한데 이혼사유가 되나요?"

많이 물어오는 질문이다.

결론적으로 말하자면, '판례는 부부가 시댁어르신과 함께 거주하는 경우가 아니면 고부갈등을 크게 이혼사유로는 삼지 않는 경향'을 보인다.

하지만 그 고부갈등으로 인하여 ① 혼인관계가 이미 파탄이 났고, ② 그 파탄난 혼인관계가 회복 불가능할 정도이며, ③ 혼인관계의 계속을 요구하는 것이 배우자 일방에게 참을 수 없는 고통이 된다고 할 정도로 심각한 경우에는 이혼사유를 인정하며, 그 고부갈등의 이유나 원인은 묻지 않는다.

이혼소송을 하다 보면, 고부갈등의 원인이 대개 가치관이나 인생관, 생활방식의 차이나 세대 차이에서 비롯된 경우가 많은데,

예컨대, 시부모는 곱게 키운 아들 내외를 도와준다는 생각에 부엌살림에 과도하게 관여한다든지 아니면 아들내외 신혼집을 자주 드나들거나 수시로 연락을 한다든지 등등... 일일이 참견하고 싶어하는데, 며느리는 아들이 이미 결혼했으면 시부모는 아들 내외의 생활에 대해서 가능하면 터치를 하면 안 된다는 생각을 가지고 있어 서로의 생각이 부딪혀 고부갈등을 일으키는 경우가 있다.

필자가 생각할 때에는 두 입장 모두 일면의 타당성이 있다고 생각된다.

옛날 어르신들은 과거 대가족제도에서 시부모와 함께 살면서 시부모님이 긴 인생 동안 터득한 생활의 노하우를 전수받으면서 생활의 지혜를 키워왔기 때문에, '내가 윗대 어르신들로부터 전수받거나 아니면 본인이 터득한 생활의 지혜를 아들내외에게 가르쳐주지 않으면 아들내외가 잘 못할 텐데....' 하는 염려에서 하나라도 더 가르쳐주고 싶고, 하나라도 더 도와주고 싶은 마음에서 하는 것인데,

며느리 입장에서는 아들이 일단 결혼했으면, 경제적으로나 정서적, 생활적으로 독립해야 하고, 생활의 노하우야... 유튜브나 포털사이트에 들어가면 넘쳐나니 특별히 시부모의 오래된 지혜는 굳이 전수받고 싶어하지 않는다.

이러한 생각들이 부딪혀 또다시 고부갈등을 불러일으키는 것이다.

또 하나 고부갈등의 원인들 중 하나는 영역의 갈등 때문에 빚어지는 경우이다.

즉, 옛날같이 자녀를 많이 낳는 세대가 아니고 자녀를 하나둘 정도 낳는 세대이다 보니 부모 입장에서는 자식이 결혼한 이후에도 당연히 본인 가족의 일원으로서 취급하고 아들이나 딸을 결혼 전처럼 자신의 영역에 두고 싶어한다.

하지만 시댁을 어려워하고 그 접촉을 불편해하는 독립적인 며느리의 입장에서는 시댁의 영역에서 벗어나 본인 부부와 자녀들만으로 가족의 영역을 만들고 싶어하거나 친정가족의 영역에 더 깊이 속하고 싶어한다.

그리고 그러한 과정에서 고부갈등이 심해진다.

이 또한 양측 모두에게 공감이 간다.

또다른 원인은 바로 사랑전쟁이 벌어지는 경우이다.

즉, 아들이 결혼한 이후에도 시부모는 아들이 결혼 전과 같이 나에게 애틋한 아들로 남아주기를 원하는데, 며느리 입장에서는 그 시부모의 개입이 불편한 경우이다. 시부모 입장에서 보면 자식 한둘을 낳아 곱게 키우고 가르쳐 결혼까지 시켰는데, 결혼 이후에도 효도 받고 그 아들이 예쁜 가정 꾸리는 것까지 지켜보거나 도움을 주고 싶어하는데, 며느리 입장에서는 시부모의 개입 없이 본인들만의 힘으로 이룬 예쁜 가정을 꾸리고 싶은 욕구가 있는 것이다. 자신만의 가정 말이다.

그리고 그러한 생각의 차이에서 또다시 고부갈등이 발생하곤 한다.

이러한 모든 경우는 거의 생각의 차이에서 비롯된 것으로, 견해의 차이일 뿐 선도 악도 없으며 누구의 잘잘못도 아니다.

그저 생각의 차이만 있을 뿐이다.

10달 동안 내 배에서 기르고 배 아파 낳은 자식조차도 생각이 다르고 가치관이 달라서 부모자식간에도 싸우는데, 30여 년 동안 다른 환경에서 생활해왔을 뿐만 아니라 세대차이까지 있는 시부모와 며느리간에 다툼이 있을 수밖에 없다는 점은 누구나 수긍이 가는 일이다.

이혼승소를 위한 이혼전문변호사들의 秘書

부모자식간이야 피로 맺어진 혈연이다 보니 이를 끊을 방법이 없으니 어찌되었든 그 관계를 이어가지만, 시부모와 며느리는 아들내외가 헤어지거나 안 보면 그만이기 때문에 그 갈등이 더 심해지는 게 아닌가 싶다.

물론 50~70대에 이른 우리네 부모님 세대에서는 시어머니의 부당한 시집살림에 힘들어하시던 어머니의 모습을 기억에서 떨칠 수 없겠지만, 요즘시대에 만약 그런 시부모가 있다면 그러한 경우에는 고부갈등이 아닌 "배우자의 직계존속에 의한 부당한 대우"에 해당되어 당연히 재판상이혼사유가 될 뿐만 아니라 유책사유, 위자료청구사유까지 될 것임은 의문의 여지가 없다.

요즈음의 고부갈등은 옛날 시집살이와 같은 경우는 재벌집이나 신분차이가 큰 경우 외에는 거의 찾아보기 힘들고, 대개는 위에 필자가 예로 든 경우에서 크게 벗어나지 않는다.

물론 고부갈등으로 인한 이혼소송을 하다 보면 그 원인과 그 나타나는 현상은 천차만별이다.

이처럼 고부갈등은 크고 작고의 차이만 있을 뿐 어느 가정에서나 피할 수 없는 게 아닐까 싶기도 하다.

그런데 여기서 꼭 알아야 하는 중요한 점은, 고부갈등이 있을 경우

판례가 이러한 고부갈등의 해결을 위해서는 남편이 부모님과 아내 사이를 방관하지 말고 중재를 위해서 노력해야 한다는 입장에 서 있다는 점이다.

즉, 전국 각지의 이혼판결을 분석해 보면, 시부모와 며느리의 갈등에 아들이 중재를 게을리하고 방치한 채 방관만 한 그 행위를 지적하면서 재판상이혼사유로 삼는 것을 넘어 유책사유 및 위자료청구사유로 삼는 경우를 어렵지 않게 볼 수 있다.

고부갈등이 있는 경우 판결문에서 이를 바로 이혼사유로 삼거나 아니면 어느 한편의 잘못을 꾸짖어 유책사유나 위자료청구사유로 삼는 경우는 거의 찾아보기 힘들지만, 고부갈등에 뒷짐지고 방관한 남편을 꾸짖는 판례를 어렵지 않게 볼 수 있다.

그런데 고부갈등으로 인한 이혼소송을 해 보면, 위와 같은 판례의 입장을 모른 채, 통상 고부갈등의 원인이나 이유를 강조하면서 서로 상대방이 잘못했다는 점에 초점을 두고 논쟁을 하곤 한다.

그러한 논쟁은 보통 살바싸움에 어느 정도의 도움이 되는 경우가 간혹 있을 수는 있지만 앞서 살펴본 판례에서 알 수 있듯이 대부분은 헛수고에 그친다.

그렇다면 고부갈등으로 인한 이혼소송을 수행할 때에는 어떤 점을 강조하여 싸움을 이어가는 것이 좋을까?

　그렇다.

　위에서 강조한 바와 같이 판례가 고부갈등에 대해서 남편의 역할을 강조하고 있으므로, 소송을 수행함에 있어서도 판례의 견해에 따라 남편이 그 과정에서 어떠한 중재의 노력을 하였는지 여부 또는 어떠한 중재의 노력이 필요함에도 그 역할을 다하지 않았는지를 중점적으로 주장해야 좋은 결과를 낼 수 있다.

　고부갈등은 대개 생각의 차이, 가치관의 차이, 인생관, 세계관의 차이, 생활방식의 차이에서 오는 것이지만, 그러한 차이를 극복하고 좁혀보려는 노력을 서로 어느 정도 했는지 그리고 남편은 그 과정에서 어떠한 노력을 했는지는 그저 생각의 차이가 아닌 마땅히 해야 할 역할을 했느냐 하지 않았느냐 하는 문제로 귀결되기 때문이다.

　우리가 이혼소송을 수행할 때는 판례의 입장을 정확하게 파악하고 쟁점을 명확하게 정리한 후 공격, 방어하는 것이 무엇보다 중요하다.

　마구 휘두르는 주먹이 운 좋게도 상대방의 턱에 꽂혀 KO승리를 기대하는 아마추어 복싱선수가 아닌 상대방의 약점과 내 장점을 정확하게 파악하고 상대방의 움직임을 정확하게 보면서 주먹을 뻗어 KO승리를 거머쥐는 프로 중의 프로가 되어야 하는 것이다.

배우자의 경제적 무능력,
이혼사유가 될까?

배우자의 경제적 무능력을 이유로 이혼을 생각하시는 분들은 대부분 여성분이다.

물론 남성들도 아내가 맞벌이를 하지 않는다는 이유로 불만을 가지는 경우가 있긴 하지만, 극히 젊은 부부 빼고는 그러한 문제로 이혼까지 적극적으로 고려하는 경우는 드물다.

그렇지만 여성의 경우에는 남편이 경제활동을 아예 안 하거나 하더라도 소득이 너무 낮다면, 자녀들을 생각해서 그냥 혼인생활을 영위하는 경우도 있긴 하지만, 대부분은 이혼을 고려하기도 한다.

이혼상담을 하다 보면, 남편이 매우 착하디착함에도 불구하고 경제적 능력이 없다는 이유로 이혼소송을 청해오는 여성분들도 종종 있다.

하지만 법률적으로만 본다면 경제적 무능력은 유책사유는 물론 위자료청구사유도 아니고 이혼사유 또한 원칙적으로 되지 않는다.

물론 배우자의 경제적 무능력으로 인하여 혼인관계가 회복불가능할 정도로 파탄났고, 혼인관계의 계속을 요구하는 것이 배우자 일방에게 참을 수 없는 정도에 이르면 이혼사유가 되겠지만, 원칙적으로는 배우자의 경제적 무능력이 이혼사유가 되지는 않는다.

하지만 그 경제적 무능력이 게으름으로 인한 것이거나 무능력 탈피를 위한 노력이 없어서 비롯된 것이라면, 이혼사유가 될 수 있음은 물론, 유책사유, 위자료청구사유까지도 될 수는 있다.

그리고 한 가지 유념할 점은, 배우자의 경제적 무능력이 이혼사유에 해당되어 이혼이 가능하려면, 분할해줄 재산이 어느 정도는 있어야 한다는 점이다.

경제적으로 무능한 배우자에게 분할해줄 재산이 없는데 이혼을 시키게 되면, 무능력한 배우자를 사지로 몰아넣는 것이기 때문에, 그러한 사정이 있으면 법원은 이혼을 시키지 않으려는 경향을 강하게 보인다.

배우자의 경제적 무능력을 이유로 이혼을 고려하시는 분이 계시다면 이러한 점을 반드시 계산에 넣어두어야 한다는 말씀을 드리고 싶다.

마지막으로 노력하면 누구나 잘 사는 세상이 하루라도 빨리 왔으면 하는 소망을 가져본다.

주식투자 실패로 큰돈을 잃었다면, 이혼사유가 될까?

얼마 전에 아주 젊은 새신랑이 이혼상담차 사무실에 내방한 적이 있다.

이야기를 들어보니, 내담자는 결혼 전 단타 방식으로 주식투자를 해서 큰돈을 벌었고 그 점이 매력으로 작용하여 부유한 집안에 아주 예쁘고 좋은 직장을 다니는 아내와 결혼한 분이셨다.

내담자가 결혼 전 주식투자로 큰돈을 벌다 보니, 결혼한 처는 결혼 후에 자신이 결혼 전에 모아두었던 모든 재산뿐만 아니라 친정부모님이나 형부의 재산까지 모두 끌어모아 남편을 통해서 주식에 투자했는데, 내담자가 그 돈의 거의 전부를 잃어버렸고, 그 잃은 돈 액수가 상상을 초월할 정도였다.

참고로 주식에 투자하는 방식은 투자하는 기간을 기준으로 장기투자, 중기투자, 단기투자로 구별하는데, 이 단기투자를 흔히 단타라고 한다.

이혼상담을 하다 보면, 주식투자를 무리하게 하다가 큰돈을 잃어서 부부관계가 파탄나고 이혼하는 경우를 어렵지 않게 볼 수 있다.

그리고 그러한 경우에 주식투자 실패로 큰돈을 잃으면 이혼사유가 되느냐는 질문을 많이 받는다.

여기서 큰돈이라 함은 상대적으로 판단해야 할 문제이지 절대적인 기준이 있을 리 만무하다.

만약에 재산이 몇천억 원이나 되는 전 국가대표 농구선수 서장훈 씨가 주식투자로 10억 원을 날렸다면, 잃은 돈이 재산에 비해서 상대적으로 소소한 금액이므로 이혼사유가 되지 않겠지만, 앞서 소개한 사례처럼 부부공동재산 전부뿐만 아니라 처가집 재산까지 거의 모두 탕진했다면, 부부관계를 회복할 수 있을까?

절대 불가능한 일이다.

따라서 그러한 경우에는 당연히 이혼사유가 되고도 남는다.

물론 혼인기간이 길고 자녀까지 있다면 어떻게 어르고 달래서라도 이혼사유가 되지 않도록 노력해 보겠지만, 내담자의 경우에는 자녀도 없고 혼인기간도 그리 길지 않은 케이스여서 부부관계의 지속을 기대할 수 없는 경우에 해당했다.

그래서 처의 이혼청구를 방어하는 것은 불가능하다고 판단하고, 우리 솔로몬은 매우 안타깝지만 이혼사유에 해당되어서 처의 이혼청구를 방어하기 어려운 사안이라고 답변드릴 수밖에 없었다.

그 내담자는 여전히 처를 사랑하고 있었고 처에 대한 미련을 갖고 있었다.

그래서 우리 솔로몬은 내담자에게 이미 건너오지 못할 강을 건넜으니 마음을 정리하시는 게 좋겠다는 말씀까지 드렸다.

우리는 학교를 다니면서 많은 공부를 하지만, 자본주의사회를 살아가는 데 반드시 필요한 자본 다루는 공부는 전혀 하지 않는다.

그러다보니 여유자본을 투자한다면서 그 자본을 날리기 일쑤이고, 그러한 일로 가정이 파탄나는 경우도 많다.

그래서 우리 솔로몬은 생각해 본다.

대한민국의 이혼율을 조금이라도 낮추고 싶다면 자본주의사회에서 꼭 필요한 지식인 자본 다루는 공부를 최소한 초중고 교육과정에서만큼은 반드시 가르쳐야 한다고 말이다.

그리고 이와 관련해서 많이 물어오는 질문이 또 있다.

대출을 받아서 주식투자했다가 그 돈을 모두 잃었는데, 그 대출받은 채무도 재산분할대상이 되느냐는 질문이 바로 그것이다.

그럴 경우, 투자자가 단기투자를 했는지 장기투자를 했는지, 기업분석은 하고 투자했는지를 따져서 판단해야 할까?

통상 판사님들은 주식투자에 대해서 잘 모르신다. 그래서 장기투자가 무엇인지, 단기투자가 무엇인지, 선물이나 옵션투자가 무엇인지 대부분 잘 모르신다.

그래서 결론적으로 말하자면, 대부분 주식투자로 인해 발생한 채무는 일단 재산분할대상으로 삼는 것이 실무의 태도이다.

다만, 그 주식투자가 재산규모에 비해서 과도한 금액인지 여부 및 그 주식투자 방법에 따라서 기여도를 정함에 있어서 불이익을 주긴 한다.

주식투자 방식 중에는 선물이나 옵션거래 방식으로 투자하는 방법도 있는데, 그 실질은 도박과 진배없다.
필자는 선물이나 옵션투자를 통해서 부자가 되었다는 사람을 아직까지 단 한 명도 보지 못했다. 그러니 도박임이 더 없이 확실하다. 하지만 아무리 무한대의 사람이 토너먼트로 가위바위보를 해서 최종 한 사람을 뽑는 게임이더라도 이길 확률은 0에 가깝지만 최종 우승자는 반드시 1명 나오기 마련이므로, 세상 어디엔가는 최소 1명은 있긴 하겠다.

주식투자가 문제되어서 이혼소송이나 재산분할 소송을 하고자 하는 경우에는 주식투자에 대해서 잘 아는 이혼전문변호사를 선임하는 것이 반드시 필요하다.

왜냐하면 판사님들은 대부분 주식투자에 대해서 잘 모르시기 때문에, 이에 대해 자세히 설명드려야 올바른 판결을 받아낼 수 있기 때문이다.

필자는 개인적으로 자본 공부를 20여 년 동안 해왔기 때문에 적어도 자본을 굴리는 투자에 대해서는 안목이 높고 또 넓다고 자부한다.

이에 대해서도 이혼분야를 은퇴하면 관련된 책을 써볼 개인적인 계획을 가지고 있기도 하다.

유책배우자가 이혼청구할 수 있는 경우

혼인이 파탄난 경우에 혼인파탄에 책임이 있는 유책배우자의 이혼청구를 받아들여 이혼판결을 선고할 것이냐 하는 문제는 이혼에서 큰 화두 중에 하나다.

이와 관련된 논의가 바로 파탄주의를 택할 것이냐 아니면 유책주의를 택할 것이냐 하는 문제이다.

유책주의, 파탄주의가 문제되는 대부분의 경우는 유책배우자가 배우자 아닌 다른 이성과 딴 살림을 차린 후 오랜 세월 동안 별거하다가 유책배우자가 이혼을 청구하는 경우인데, 이러한 경우에 파탄주의는 '가정이 이미 파탄난 점을 중하게 여겨 비록 유책배우자의 이혼청구라 할지라도 이혼청구를 인용해주겠다는 입장'이고, 유책주의는 '파탄난 사실보다는 유책배우자의 유책행위를 중하게 여겨 유책배우자의 이혼청구를 기각하겠다는 입장'이다.

파탄주의의 입장을 취하게 되면, ① 상대방배우자 혹은 그 자녀들의 생계유지가 곤란한 상황으로 처하게 될 염려가 발생하거나(이를 축출이혼이라고 한다.) ② 법률이 금지하는 중혼을 결과적으로 인정하게 될 위험성이 있으며, ③ 혼인제도가 요구하는 도덕성에 배치되고 신의성실의 원칙에 반하는 결과를 초래하게 된다.

반면 유책주의의 입장을 취하게 되면, 공부상의 기록(즉 혼인관계증명서상의 기록)과 실제의 부부관계가 불일치하게 되는 문제점이 발생한다. 즉 부부사이는 이미 파탄이 나 부부관계가 더 이상 아님에도 불구하고 혼인관계증명서상에는 부부로 기재되어 있기 때문에 그 불일치가 발생하는 것이다.

즉, 모든 나라의 법제는 기본적으로 실제와 공부상의 기록이 일치하도록 하는 방향으로 발전해왔는데, 이에 반하는 결과가 도래하는 셈이다.

그렇다면 이러한 문제를 어떻게 조화롭게 해결해나갈 것이냐가 문제되는데, 우리나라 판례는 기본적으로 유책주의를 채택하여 유책배우자가 이혼을 청구하더라도 그 이혼청구를 기각하면서도 일정한 경우에 그 예외를 인정하는 입장을 취하고 있다.

2013년도에는 '유책주의를 취하고 있는 대법원 판례를 파탄주의로 변경해 달라.'는 내용의 상고가 있었고, 대법원은 그 상고사건에 대해서 약 2년 동안의 공개적인 심리를 마치고, 2015년 9월 15일 드디어 전원합의체 판결을 선고한 바 있는데, 그 판결내용을 요약하자면, 결국 '아직 파탄주의로 판례를 변경하는 것은 시기상조'라는 것이었다.

하지만 대법원이 유책배우자의 이혼청구를 허용하지 아니하는 것은 혼인제도가 요구하는 도덕성에 배치되고 신의성실 원칙에 반하는 결과를 방지하려는 데에 있는데,

예외적으로 혼인제도가 추구하는 이상과 신의성실의 원칙에 비추어 보더라도 그 책임이 반드시 이혼청구를 배척해야 할 정도로 남아 있지 아니한 경우에는 그러한 배우자의 이혼청구는 혼인과 가족제도를 형해화할 우려가 없고 사회의 도덕관·윤리관에도 반하지 아니한다고 인정되는 경우에는 예외적으로 파탄주위를 취하는 태도를 취한다.

즉, ① 상대방배우자도 혼인을 계속할 의사가 없어 일방의 의사에 의한 이혼 내지 축출이혼의 염려가 없는 경우,

② 이혼을 청구하는 배우자의 유책성을 상쇄할 정도로 상대방배우자 및 자녀에 대한 보호와 배려가 이루어진 경우,

③ 세월의 경과에 따라 혼인파탄 당시 현저하였던 유책배우자의 유책성과 상대방배우자가 받은 정신적 고통이 점차 약화되어 쌍방의 책임의 경중을 엄밀히 따지는 것이 더 이상 무의미할 정도가 된 경우 등과 같이 혼인생활의 파탄에 대한 유책성이 그 이혼청구를 배척해

이혼승소를 위한 이혼전문변호사들의 秘書

야 할 정도로 남아있지 아니한 특별한 사정이 있는 경우에는 예외적으로 유책배우자의 이혼청구를 허용하고 있다.

구체적으로는

① 유책배우자가 이혼을 청구한 경우에 상대방도 속으로는 혼인을 계속할 의사가 없으면서 오직 오기나 보복적 감정 때문에 혼인을 계속할 것을 고집하고 있는 경우(대법원 1999. 10. 8.선고 90므1213 판결).

② 상대방배우자의 유책행위가 유책배우자의 유책행위로 인한 혼인파탄과는 관계 없이 저질러졌다거나 그 정도가 유책배우자의 유책사유에 비하여 현저하게 책임이 무거운 것이라는 등의 특별한 사정이 있는 경우(대법원 1990. 9. 25.선고 89므112판결).

③ 혼인생활의 계속을 강제하는 것이 일방배우자에게 참을 수 없는 고통이 된다고 보여지는 경우(대법원 2009. 12. 24.선고 2009므2130 판결) 등이다.

이혼소송에서 승소하려면
무조건 증거가 있어야 할까?

이혼소송에서는 많은 사실들이 주장된다.

나에게는 유리하고 상대방에게는 불리한 사실들을 판사님으로부터
인정받기 위함이다.

이혼소송에서 매우 흔하게 주장되는 사실들을 예로 들어 보자면,

"배우자가 폭행했다."
"배우자가 부정행위를 저질렀다."
"배우자가 욕설이나 폭언을 일삼는다."
"시댁 혹은 처가의 부당한 대우가 너무 심하다."
"배우자가 고부갈등 혹은 장서갈등을 방관한다."
"혼인관계가 회복할 수 없을 만큼 파탄났다."
"시집살이가 심했다."
"배우자가 나를 무시하곤 한다."

이혼승소를 위한 이혼전문변호사들의 秘書

"배우자가 내 부모님을 무시하곤 한다."

"배우자에게 성기능장애가 있다."

"상대방이 성적으로 불감증이다."

"배우자가 돈을 빼돌렸다."

"배우자가 낭비벽이 심하다."

"배우자가 가사육아를 등한시한다."

"내가 가사육아를 전담했다."

"배우자가 자녀를 학대했다."

등등을 예로 들 수 있을 것 같은데, 이처럼 판사님으로부터 인정받아야만 승소할 수 있는 사실들이 이혼소송에서 주장되곤 하는 것이다.

하지만 판사님은 당사자들의 주장을 곧이곧대로 믿어주지 않는다. 아니 판사님이 당사자들의 주장을 인정하기 위해서는 소송법에 규정되어 있는 일정한 채증법칙에 따라야 하고, 당사자들의 주장을 함부로 인정하거나 부정하면 채증법칙 위반으로서 그 판결은 위법한 판결이 되고, 대법원 상고이유까지 될 수 있다.

그렇기 때문에 이혼소송을 수행하는 이혼전문변호사로서는 주장하는 사실들이 어느 정도의 증거력이 있는 증거가 있어야 사실인정받을 수 있는지 아니면 별도의 증거 없이 주장만으로도 판사님으로부터 사실인정을 받을 수 있는지를 잘 파악하고 있어야 한다.

이건 교과서를 통해서 배울 수 있는 것이 아니라 많은 판례분석과 경험을 토대로써만 배울 수 있는 것이기 때문에 그 공부를 마스터한 다는 것은 매우 고단한 과정일 수밖에 없다.

주장하는 사실 중에는 확실한 빼박증거가 있어야 사실인정받을 수 있는 사실들이 있고, 별다른 증거 없이 그저 믿을만한 주장만으로도 사실인정받을 수 있는 사실들이 있으며, 이처럼 주장하는 사실들마 다 필요한 증거의 증거력 정도가 모두 다르다.

:: 배우자의 부정행위를 입증하기 위해 필요한 증거의 확실성 정도

앞에서 예로 든 "배우자가 부정행위를 저질렀다."는 사실은 배우자 가 반박할 수 없을 정도의 확실한 빼박증거가 있어야 판사님으로부터 인정을 받을 수 있다.

따라서 ① 배우자가 모텔이나 호텔과 같은 숙박업소에서 결제한 내 역 혹은 출입한 내역만으로 ② 상간자와 자주 통화한 내역만으로 ③ 잦은 만남을 가졌다는 증거만으로는 배우자가 반박할 수 없는 확실한 빼박증거가 확보되었다고 할 수 없으므로 그러한 증거만으로는 배우 자의 부정행위 사실을 판사님으로부터 인정받을 수 없다.

위 예들은 상담 시 많이 해오는 질문들이어서 예로 든 것인데, 배 우자의 부정행위를 입증하려면 ① 서로 사랑을 속삭인 문자나 카톡 내용, ② 스킨쉽하는 영상, ③ 주고받은 편지나 이메일, ④ 숙박업소를 함께 드나드는 영상정도의 증거가 법원에 제출되어야 배우자의 부정행위 사실을 인정받을 수 있다. 그리고 배우자의 부정행위 사실은 제3자의 증언만으로도 판사님이 사실인정을 잘 해 주지 않는다는 점 또한 꼭 명심해야 되는 점이다.

:: 배우자의 폭행이나 폭언을 입증하기 위해 필요한 증거의 확실성 정도

그리고 배우자의 폭행이나 폭언이 있었다는 사실은 배우자의 부정행위사실을 인정받기 위한 빼박증거까지는 아니더라도 진단서나 상처의 사진, 목격자의 진술만으로도 곧잘 판사님이 사실을 인정해 주며, 때로는 별 증거 없이 변론의 전취지만으로도 사실인정해 주기도 한다.

여기서 '변론의 전취지'라 함은 별도의 증거는 없지만 변론 전과정에서 드러난 당사자들의 주장이나 태도 등으로 미루어 볼 때 그러한 사실이 있었다고 인정하는 것을 말한다.

:: 별다른 증거 없이도 사실인정이 잘 되는 사실들

이처럼 별다른 증거없이 변론의 전취지만으로도 사실인정이 잘 되는 사실들을 예로 들어본다면, 위의 예에서 "배우자가 장서갈등 또는 고부갈등을 방관만 했다" 혹은 "혼인관계가 회복할 수 없을 만큼 파탄났다." "시집살이가 심했다."는 등의 사실들이 바로 그렇다.

이혼소송에 대한 판례들을 분석해 보면 이처럼 별도의 증거 없이도 변론의 전취지만으로 사실인정을 곧잘 해 주는 사실들이 많다.

물론 이러한 사실들도 그 사실을 입증할 증거가 있으면 좋겠지만, 이가 없으면 잇몸으로 어떻게든 씹어먹을 만한 음식과 같이 변론의 전취지로 싸워볼 만한 경우라는 이야기이다.

많은 사람들이 증거가 없으면 아예 이혼소송에서 승소가 불가능한 것으로 알고 있지만, 위에서 설명한 바와 같이 절대 그렇지 않다.

증거가 없으면 변론의 전취지만으로도 사실인정받을 만한 요건사실을 가지고 싸우면 된다.

우리 솔로몬이 수행했던 이혼사건들 중에서는 증거 하나 없이 변론의 전취지만으로도 대승을 거둔 사건이 적지 않다.

이혼승소를 위한 이혼전문변호사들의 秘書

이혼소송 승소 위해 사소한 증거까지 많을수록 좋을까?

결론부터 말하자면, 배우자의 외도나 폭행, 악의의 유기와 같은 결정적인 증거의 경우에는 증거가 많으면 많을수록 좋으므로 그에 대한 증거는 가능한 한 많이 모으되, 이혼소송에서 사소하게 다루어질 사소한 증거까지 모을 필요는 없다.

따라서 이혼을 결심한 이후부터 이혼소송을 준비하면 충분하고, 몇 개월이나 몇 년 전부터 많은 시간 동안 이혼소송을 대비해서 증거를 수집할 필요까지는 없다.

그럼에도 많은 분들이 이혼소송에서 승소하기 위해서는 증거가 많으면 많을수록 좋다고들 알고 있다 보니, 이혼소송을 준비하면서 아주 사소한 것까지 입증하겠다면서 아주 긴 시간 동안 많은 증거들을 모으시곤 한다.

예컨대

① "배우자가 무시한다."면서 이를 입증하기 위해 증거를 수집하기로 작정하고 녹음기를 설치한 후 "네가 뭘 알아?" "네가 한 게 뭐 있어?"라는 등의 배우자의 말이나 '배우자가 자신의 말에 대꾸도 하지 않는 막막한 상황'을 녹음한다든지 아니면 '카톡으로 하소연해도 전혀 대답하지 않는 그런 상황'을 캡쳐해 놓는다든지

② 남편이 육아에 도움을 주지 않았음을 입증한다면서 '일부러 남편한테 분유 좀 타라고 하거나 기저귀 갈아달라'고 요청하고 이에 대해서 배우자가 묵묵부답으로 응대하거나 짜증내는 상황을 녹음한다든지,

③ 배우자가 만취해서 집에 돌아왔는데 부축해서 침대에 눕히는 대신 증거수집을 위해서 배우자를 방치한 채 외출복을 입은 채로 현관이나 화장실에 잠들어 있는 배우자 모습을 사진 찍어 둔다든지 하는 경우와 같이,

이혼소송에서는 큰 논점이 되지 않을 아주 사소한 증거까지 하나씩 하나씩 모으곤 한다.

물론 다른 증거가 워낙 없는 경우라면 이런 증거라도 확보하는 것이 도움이 될 수 있겠지만, 이렇게 인위적으로 수집된 증거들은 작정하고 채집한 증거라는 티가 팍~팍~ 나게 되어 있다.

그렇기 때문에 이러한 증거를 법원에 제출할 때에는 ① 사건의 성

이혼승소를 위한 이혼전문변호사들의 秘書

질, ② 다른 증거의 유무, ③ 이혼사유의 종류, ④ 사건의 중점이 재산분할인지 아니면 위자료, 양육권, 양육비인지, ⑤ 혼인기간 등 많은 사정들을 감안해서 제출 여부를 고민해 보아야 한다.

그런데 이혼소송을 하다 보면, 이처럼 인위적으로 채집한 냄새가 풀풀 나는 증거들을 아무런 고려 없이 법원에 제출하는 경우를 어렵지 않게 볼 수 있는데, 이혼사건을 많이 수행하다 보면, 판사님들은 제출된 증거가 인위적으로 채집된 증거인지, 억지스러운 증거인지까지도 살피는 것을 알 수 있고, 섣불리 판사님을 눈속임하려고 하다가 되로 주고 말로 받게 될 수 있다.

사람도 나이를 먹고 사회생활을 오래 하다 보면, 사람 얼굴만 봐도 그 사람의 과거와 미래, 성품까지도 한눈에 다 들어오는 것처럼 판사님들도 많은 이혼사건을 심리하다 보면, 제출되는 증거들만 봐도 누가 악의 편이고 선의 편인지 대충 짐작이 가게 마련이다.

허구한 날 이혼재판만 하시는데, 제출된 증거가 인위적으로 채집된 증거인지 아니면 혼인관계를 이어가려고 노력하였음에도 상대방배우자의 유책행위로 말미암아 어쩔 수없이 이혼소송에까지 이르게 되었음을 알 수 있는 증거인지를 분별 못할 리 없다.

마구잡이로 증거를 제출한 사건이 잘 될 리가 만무한데, 몇 년 전에 있었던 사례를 소개해 본다.

의뢰인은 체대를 졸업하고 학생들에게 운동을 지도하는 분이셨고 결혼한 지 채 1년도 되지 않으신 분이셨는데 배우자와 이혼소송을 하고 싶다면서 사무실에 내방하셨다.

그런데 배우자의 유책행위 증거라면서 가방 한가득이나 되는 증거도 모자라 A4 용지 5뭉치가 들어가는 박스에 한가득이나 되는 증거를 가져오신 게 아닌가?

혼인기간이 20~30년이 넘어도 그만큼이나 되는 증거를 가져오시는 분이 없는데, 혼인기간이 채 1년도 되지 않았고 자녀도 없는 부부인데 상대방배우자가 잘못하면 얼마나 잘못했다고 그렇게 많은 증거들을 확보했을까 하는 강한 의문이 들 정도였다.

그래서 가져오신 증거들을 하나씩 하나씩 자세히 살펴보니, 신혼 초부터 배우자의 작은 잘못까지도 이를 입증하겠다면서 그 증거들이 빠짐없이 수집되어 있었고, 하물며 배우자의 낭비벽을 입증하겠다면서 신혼여행 때부터 배우자가 쓸데없이 소비한 목록을 가계부 작성하듯이 꼼꼼하게 작성한 게 아닌가?

그래서 우리 솔로몬은 내부 회의까지 거쳐 논의한 결과 그 증거들을 모두 제출하게 되면 판사님께 좋은 인상을 주지 못한다는 점에 의견일치가 되었고, 그래서 우리는 증거를 모두 제출해 달라는 의뢰인을 설득해서 그중 유책정도가 크고 결정적이라고 판단되는 몇 개의 증거만을 법원에 제출했다.

그러자 우리의 설득에도 불구하고 어렵게 수집한 증거 일부만을 제출한 우리 결정에 납득할 수 없었는지 의뢰인은 약 1달 동안 계속해서 "증거를 전부 제출해 달라."는 내용의 전화를 하루에도 몇 번씩 해오는 게 아닌가?

그래서 모두 제출하면 불리하게 작용하는 이유를 의뢰인에게 여러 번 설명하면서 설득했지만 의뢰인의 요구는 계속되었고 그 요구가 너무도 거세 우리가 업무를 할 수 없을 정도였던지라 어쩔 수 없이 의뢰인이 가져온 증거들을 분류해서 모두 제출할 수밖에 없었다.

그런데 아니나 다를까 재판이 열린 날 의뢰인과 함께 변론에 참석하게 되었는데, 판사님은 우리 의뢰인한테 "아니 결혼한 지 채 1년도 안 됐는데 이렇게 많은 증거를 수집한 것이냐? 대체 혼인생활을 계속 이어나갈 생각으로 결혼생활을 한 것이냐 아니면 처음부터 이혼을 염두에 두고 혼인생활을 한 것이냐?"면서 핀잔 아닌 핀잔을 주시는 게 아닌가?

그제서야 의뢰인은 우리 솔로몬이 조언한 이유를 깨달았는지 "어찌하면 좋겠느냐?"면서 발을 동동 굴렀다.

물론 이 사건에서 우리 솔로몬이 이에 대해서 어느 정도 대처함으로써 결론은 크게 나쁘지 않게 끝났지만, 극적인 성공사례를 이끌어낼 수는 없었다. 처음부터 좋은 인상을 주지 못했기 때문이다.

이 사례에서도 알 수 있다시피 판사님은 이런 것까지도 모두 고려하고 있다는 사실을 반드시 알아둘 필요가 있다.

또 이런 일도 있었다.

우리 의뢰인은 그의 부모 재산이 몇천억 원대가 되는 큰 자산가의 사고뭉치 외아들이었는데, 어찌 어찌해서 전 세계에서 내놓으라는 명문대 출신에다가 매우 아리따운 부인과 결혼하게 된다.

그런데 그 부인은 의뢰인이 선택한 여자가 아니고 부모님이 수소문해 결혼시킨 부인이어서 그랬던지 외도를 하게 되었고, 외도한 것이 부인한테 들켜 부인이 이혼소송을 걸어온 사건이었다.

결혼 후 의뢰인의 부모님이 워낙 많은 재산을 며느리에게 이미 증여해 준 터라 이혼소송에서 재산분할이 매우 치열하게 다투어졌다.

그 사건에서 처는 우리 의뢰인이 외도한 증거를 제출하면서도 신혼 때부터 술에 만취해서 신혼집 현관 앞에서 잠든 사진 등 우리 의뢰인이 신혼 때부터 저질러 온 시시콜콜한 잘못들까지도 입증하겠다면서 한 뼘이나 되는 양의 증거들을 제출하는 게 아닌가?

이혼승소를 위한 이혼전문변호사들의 秘書

우리 솔로몬이 원고의 그러한 실수를 놓칠 리 없었고, 신혼 초부터 원고는 혼인생활을 이어갈 의사보다는 이혼할 때를 기다리며 이혼준비를 해왔다는 식으로 사건을 몰고 갔다.

그러자 그 사건에서도 원고에게 판사님은 똑같은 지적을 하신 적이 있다.

즉 판사님은 원고에게 "남편이 잘못한 건 알겠는데, 결혼했으면 일단 잘 살아보려는 마음으로 노력하면서 살아야지 남편이 술에 만취해 현관에서 잠이 들었고 그것도 한겨울이었음에도, 부축해서 침대에 눕힐 생각은 하지 않고 사진부터 찍을 생각부터 하고, 신혼 초부터 남편의 사소한 잘못까지 입증할 증거들을 꼼꼼하게 모아 두었느냐?" "부부관계를 계속할 생각으로 혼인생활을 한 것이냐 아니면 남편의 잘못을 입증할 증거를 모아 이혼하고 재산분할을 받아 갈 생각으로 혼인생활을 한 것이냐?"고 하시면서 불편한 심기를 여실히 드러내셨다.

이 사건에서도 위와 같은 원고의 과도한 증거채집과 인위적으로 수집된 증거들을 과도하게 제출한 잘못으로 원고의 소송결과가 좋을 리 없었다.

이처럼 이혼소송에서는 어떤 증거를 어떻게 제출할 것인지까지 심도 있게 고민해서 결정해야 한다.

이 사건에서 원고는 남편 외도증거를 확실하게 확보했으므로 그 외도증거만 제출하고 나머지는 주장만으로 대응했더라면 극적인 승소까지도 가능했을 터인데 평소 정상적이지 않을 만큼 수집한 사소한 증거들까지 제출함으로써 혼인생활의 진정성을 의심받게 되면서 좋은 결과를 얻지 못한 대표적인 사례들 중의 하나이다.

이혼소송을 수행하면 할수록 '진심은 통한다'는 사실을 깨닫게 된다.

따라서 어설프게 작정하고 증거를 수집하기 위해서 상황을 만드는 것은 매우 조심할 일이고, 가장 바람직한 것은 상대방배우자의 치명적인 잘못을 입증할 증거 몇 개만 수집해놓고 나머지는 변론의 전취지로 싸우는 것이다.

큰 잘못을 일단 입증해 놓으면 작은 잘못들은 변론을 통해서도 얼마든지 입증할 수 있기 때문이다.

혼인관계를 계속할 의사 즉 파탄났더라도 그 혼인관계를 회복해 보려고 노력했지만 결국 이혼을 결심할 수밖에 없었던 상황을 만들어 이혼소송을 제기하는 게 가장 바람직한 게 아닌가 싶다.

그래서 "이혼을 준비하고 있는데 어떤 증거를 모아야 되느냐?"는 질문을 받으면, 우리 솔로몬은 "일단 살아보려고 최선의 노력을 다 해 보시고 정 못살겠다고 생각되시면 그때 준비해도 늦지 않다."라고 대답하곤 한다.

그 진심은 이혼소송에서 판사님께 그대로 전달되기 때문이다.

이혼승소를 위한

이혼전문변호사들의 秘書

위자료

이혼소송에서 위자료는 크게 중요하지 않다.

왜냐하면 법원이 위자료라고 하면서 인정하는 금액을 보면 통상 3,000만 원 이하가 대부분이고, 좀 심하다 싶으면 5,000만 원, 아주 심각한 케이스다 싶어야 1~2억 원 정도 인정해 주는 게 전부다.

물론 sk그룹 회장님이신 최태원과 노태우 전 대통령의 따님이신 노소영 이혼소송 항소심에서 위자료가 20억 원이 선고되었지만, 이러한 판결이 이변이라고 이혼전문변호사님들 사이에서 회자되는 정도이니, 이혼소송에서 위자료 액수는 크게 중요한 게 아닌 게 분명하다.

하지만 위자료는 유책배우자의 유책행위의 비난가능성의 크기에 따라 금액이 정해지는 것이고, 그 비난가능성의 크기에 따라 나머지 재산분할, 친권자와 양육자, 양육비, 면접교섭이 정해진다는 점을 감안하면, 위자료 액수를 떠나서 이혼소송에서 절대 가볍게 여길 주제는 아니다.

그래서 이혼소송에서 위자료를 많이 받아내는 방법 즉 상대방 유책행위의 비난가능성을 어떻게 하면 더 인정받을까 하는 방향으로 『내가 이혼전문변호사다』라는 책의 내용을 보충하기로 한다.

이혼승소를 위한 이혼전문변호사들의 秘書

위자료 싸움은 그저
위자료만을 위한 싸움이 아니다

"이혼소송에서 위자료 싸움은 그저 위자료를 많이 받아내기 위한 싸움만은 아니다?"

'이게 뭔 뚱딴지 같은 소리야....!!'라고 생각하겠지만, 이 말은 사실이다.

사실 무엇이든 처음 배울 때는 로직에 갇혀 그 로직의 틀 속에서만 생각하게 되어 있다.

헬스장에서 운동을 한 지 벌써 15년여의 세월이 되었는데, 처음 헬스장에 가면 코치들이, 예컨대 스쿼트할 때는 무릎이 발가락 앞꿈치 앞으로 나오면 안 되고, 앉을 때는 턱을 좀 들고 시선은 전방 상향을 향해야 하며, 엉덩이와 가슴의 위치는 어떠해야 한다는 등의 운동에 대한 로직을 가르쳐준다.

그러면 처음에는 그 각도를 유지하기 위해서 애써가면서 운동을 하게 되고 누가 운동하는 방법을 물어오기라도 하면 처음 코치로부터 배운 대로 그 로직을 그대로 가르쳐준다.

그렇지만 운동을 하다 보면 그 로직에서 자유롭게 운동하게 되는데, 코치들도 마찬가지다. 코치를 한 지 얼마 되지 않은 분들은 교과서에 나오는 방법을 매우 강조하면서 엄격하게 운동을 코치한다.

그런데 운동한 연수가 계속되고 코치생활을 오래 하다 보면 정작 중요한 키포인트만을 지도하면서 교과서에 나오는 운동방법에서 좀 해방된 듯한 내용으로 코치하게 된다.

이러한 양상은 이혼소송에서도 마찬가지다.

이혼소송을 한 지 얼마 되지 않은 분들은 법리와 판례에 대한 지식만을 늘리기 위해서 애쓰고 또한 그 법리와 판례의 틀 속에서만 사고하고 판단하게 된다.

그렇지만 법리와 판례를 계속해서 연구하고 숙고하다 보면 어느 시점에서는 그 법리와 판례에서 해방되는 듯한 기분이 드는 시점이 온다.

이 경지를 선조들은 해탈의 경지라고 했는지도 모르겠다.

하여튼 무엇이든 수십 년 동안 한 가지만을 연구하고 수행하다 보면 그 분야에서 해탈의 경지에 오르는 것 같다.

그 해탈의 경지에 오르게 되면, 제목에서와 같은 말이 나오게 되어 있다. 즉, "이혼소송에서 위자료 싸움은 그저 위자료를 많이 받아내기 위한 싸움만은 아니다."라는 사실을 깨닫게 되는 것이다.

이혼소송에서는 통상 재판상이혼사유, 위자료, 재산분할, 친권, 양육권, 양육비, 면접교섭권 등이 다투어지고, 금전적으로만 생각해 보면 가장 중요하고 치열한 싸움은 언뜻 보면 재산분할 싸움으로 보인다.

아니 이혼소송에서 가장 힘을 많이 써야 할 부분이 통상의 사건의 경우에는 재산분할싸움이 맞다.

하지만 재산분할 싸움을 제대로 하기 위해서는 반드시 위자료 싸움을 잘해줘야 한다.

위자료를 많이 받아내기 위한 싸움은 '혼인생활을 파탄에 이르게 한 사람은 곤장을 맞아야 하는 악의 편인 상대편이며, 나는 피해자이자 눈물을 닦아줘야 할 선의 편'이라는 인상을 판사님께 주는 것이 중요하다.

이 싸움을 잘하게 되면 위자료 액수를 늘릴 수 있을 뿐만이 아니라 나머지 이혼사유, 재산분할, 친권, 양육권, 양육비, 면접교섭에 대한 판결도 아주 유리하게 받아낼 수 있다.

잠시만 생각해 보면 당연한 거다.

생각해 보시라...

판사님도 사람인데 불쌍하고 착한 사람한테 유리하게 재산분할해 주고 싶고, 양육권과 친권도 주고 싶으며, 양육비도 많이 챙겨주고 싶은 게 인지상정이 아니겠는가?

우리 솔로몬은 '내가 피해자이며 선의 편이고 눈물을 닦아주어야 할 사람이 바로 나이고, 상대편이 악의 편이며 가해자이고 곤장을 때려야 할 사람이 바로 상대방이라는 인상을 판사님께 주는 것'을 샅바싸움이라고 편의상 부르면서 이혼소송 수행과정에서 아주 중요하게 생각한다.

그래서 우리 솔로몬이 쓴 블로그나 홈페이지, 카페의 글을 보면, 이 샅바싸움의 중요성을 강조하는 내용을 쉽게 볼 수 있다.

우리 솔로몬은 이혼상담시에도 샅바싸움을 얼마나 해줄 수 있는 사건인지를 중요하게 생각하고 이를 토대로 전략을 세운다.

이혼승소를 위한 이혼전문변호사들의 秘書

이는 흡사 용량이 크고 성능이 좋은 컴퓨터에 양질의 소프트웨어를 설치하는 것과 비슷하다.

이혼에 관한 모든 법리와 판례를 정확하게 그리고 많이 아는 것은 성능 좋은 하드웨어를 장만하는 것이지만, 소프트웨어가 없는 하드웨어는 그저 고물일 뿐이다.

정작 그 하드웨어를 제대로 구동하기 위해서는 반드시 좋은 소프트웨어가 필요하듯이 그 법리와 판례를 잘 운용하기 위해서는 이혼소송에서 정작 무엇이 중요한지를 잘 그리고 정확히 알고 가장 적합한 전략으로 이혼소송에 대응하는 것이 반드시 필요하다.

이게 뜬구름 잡는 얘기로 들리면 아직 애송이인 것이고, 이해가 되었다면 이제 깨달음의 문을 두드리기 시작한 것이다.

정신과 진단서 첨부가 도움이 될까?

이혼소송이나 상간자소송에서 정신과 진단서를 받아서 제출하면 손해 보는 일보다는 이익이 되는 것이 사실이다.

하지만 우리 솔로몬은 의뢰인에게 굳이 '일부러' 정신과치료를 받지는 말라고 조언한다.

왜냐하면 정신과치료와 진단서가 이혼소송, 상간자소송에서 많이 유리하게 작용하지 않는 반면, 보험가입이 제한되는 등 사회생활에 불이익을 초래할 수 있기 때문이다.

보험가입이 제한될 뿐만 아니라 재혼이나 기타 사회활동에 제한이 따르는 게 우리나라 현실이다.

소송에서 정신과 진단서가 많이 유리하게 작용한다면, 그러한 불이익을 감수하고서라도 정신과 치료를 받으시라고 조언해드리겠지만,

현재 가정법원 등에서 선고되는 판례들을 분석해 보면, 정신과진단서 제출 여부가 위자료나 재산분할 금액에 크게 작용하지 않는 경향이다.

:: 정신과 진료가 크게 유리하게 작용하는 경우

그렇지만 정신과 치료와 진단서가 소송에서 크게 유리하게 작용하는 경우가 있다.

예컨대 심각한 가정폭력이 오랜시간 지속되었거나 배우자의 외도가 수 회 또는 오랜 기간 지속된 경우 등과 같이 배우자의 유책성 정도가 심각한 경우에는 정신과 치료가 소송에서 많이 유리하게 작용하므로 정신과 치료를 심각하게 고려해야 한다.

하지만 이 경우에도 그러한 사실을 충분히 입증할 증거가 있는 경우에 한한다.

:: 정신과 치료가 양육권, 친권 확보에 불리하다?

더불어 많은 분이 잘못 알고 있는 부분이 있는데, 정신과 치료를 받으면 친권, 양육권 확보에 불리하게 작용할 것이라는 생각이다.

물론 유리하게 작용하지는 않겠지만, 그렇다고 불리하게 작용하지도 않는다.

중증의 조현병이나 기타 난치의 정신병이 있으면 당연히 양육권이나 친권 확보에 어느 정도 지장을 초래하겠지만, 중하지 않은 우울감이나 불안증 때문에 정신과 진료를 받았다고 해서 친권자, 양육자를 정함에 있어서 고려할 판사님은 없기 때문이다.

:: 정신과 치료가 반드시 필요한 경우

마지막으로 우리 솔로몬에서 정신과 치료를 적극적으로 권하는 경우가 있다.

즉, 배우자의 부정행위나 폭행, 폭언에 시달리는 경우 그리고 이혼이라는 인생의 큰 갈림길에서 정신적으로 많이 불안해하거나 불안정한 모습을 보이시는 의뢰인께는 약의 도움을 받는 것이 소송에서 유리하다고 조언한다.

왜냐하면 사람들은 누구나 현재 모습을 보고 그 사람의 과거의 모습도 그러하려니 하고 판단하고, 성격이나 인격까지도 판단하게 되는데, 원래는 차분하고 정서적으로 안정된 분이더라도 배우자의 부정행위나 폭행, 폭언, 이혼위기에 닥치면 심리적으로 많이 불안해하는 경우가 있다.

그래서 우리 솔로몬은 여러 방법을 강구해서 일단 심신을 안정시키려고 노력하지만, 그게 잘 안 되는 경우도 있다.

이혼소송은 통상 가사조사절차 등 본인의 모습을 판사님이나 가사조사관한테 보여줘야 할 경우가 있는데, 그런 절차에서 과다하게 불안정한 모습을 보이는 것은 소송에서 아주 불리하게 작용할 수 있다.

따라서 이러한 경우에는 약의 도움을 받아서라도 차분하고 안정된 모습을 보여주는 것이 반드시 필요하다.

:: 정신과 진단서 제출이 독이 되는 경우

위와 같이 정신과 진료가 이혼, 상간자소송에서 통상은 약이 되지만 독이 되는 경우도 있다.

폭행의 정도가 예컨대 밀치는 정도와 같이 약하거나 폭언이 그리 심하지 않은 경우, 외도의 증거가 불충분해서 의처나 의부의 의심까지 들 수 있는 경우에는 정신과 치료와 진단서 제출은 가급적 자제하는 게 좋다.

판사님한테 '이 사람은 원래 정신적이나 심리적으로 문제 있는 사람이거나 멘탈이 너무 약한 사람'이라는 인상을 줄 수 있기 때문이다.

이처럼 진단서 제출이 도리어 독이 된 판례를 종종 볼 수 있는 것과 같이, 소송에서 유리하게 작용할 것이라고 믿고 섣불리 정신과 진단서를 제출하는 것은 지양해야 한다. 여러가지 사정을 감안해서 판단할 필요가 있는 문제이기 때문이다.

이혼승소를 위한

이혼전문변호사들의　秘書

IV

재산분할

재산분할 문제는 혼인기간 동안 부부가 공동으로 형성한 재산을 그 기여도에 따라 공평하게 나누는 문제이다.

부부공동재산 형성에 기여한 정도의 크기를 효과적으로 주장 · 입증하는 만큼 가져올 수 있다 보니 받아내는 재산분할 액수는 주장 · 입증 능력에 따라 크게 좌우된다. 사실 여기서 소송 실력이 갈음된다고 해도 과언이 아닐 정도다.

이혼하게 되면 협의이혼이든 재판상 이혼이든 통상 재산분할 문제가 따르기 마련이다.

사실 이혼소송에서 가장 치열하게 다투어지는 문제가 바로 재산분할인데, 위자료야 유책배우자가 제아무리 많은 잘못을 했더라도 인정되는 액수가 많아야 3,000~5,000여만 원이다 보니, 위자료에 대한 승소의 대가는 그리 크지 않다. 게다가 위자료는 유책사유에 따라 거의 정액화되어 있는 실정이기도 하고 말이다.

하지만 재산분할은 그 재산형성의 기여도, 특유재산인지여부, 재산분할의 대상이 되는 재산을 얼마만큼 찾아내는지 여부 등에 따라 적게는 수백만 원에서 많게는 수십, 수백억 원에 이르기까지 그 금액의 편차는 매우 크다.

물론 사건마다 다르겠지만 재산액수가 좀 되는 경우에는 이혼소송에서 가장 힘써야 할 문제는 단연 재산분할 문제이다. 따라서 이혼을 생각하고 있거나 혹은 이미 소송 중이라면 이러한 점을 정확히 알고 있을 필요가 있다.

본서를 통해서 이혼소송에서 재산분할 문제를 중심으로 다투어야 한다는 점이라고 알게 되었다면 큰 수확이 아닐 수 없다.

이혼 시 재산분할 많이 받아내는 방법

어떻게 하면 '이혼 시 재산분할을 많이 받아낼 수 있는지'는 이혼을 고민하고 있는 분이시라면 누구나 관심이 큰 문제이다.

그래서 이번에는 그에 대해서만 초점을 맞춰 요점만 정리하는 심정으로 설명해 본다.

이혼 시 재산분할문제는 원칙적으로 혼인기간 중에 발생되거나 증가된 재산 혹은 유지된 재산을 부부 각자가 기여한 정도에 따라 분할하는 문제이기 때문에, 이혼 시 재산분할을 많이 받아내기 위해서는 기본적으로 자신이 재산형성에 기여한 정도가 더 크다는 주장과 함께 이를 입증할 적절한 증거를 확보하는 것이 중요하다.

따라서 우선
① 자신의 소득이 상대방보다 더 높았다는 사실,
② 자신의 소비가 상대방보다 적었다는 사실,

③ 자신의 재테크로 인해서 재산이 증식되었다는 사실,

④ 상대방의 과소비나 유흥, 도박, 주식투자 실패, 사업 실패, 사기 당함 등의 사유로 공동재산이 감소했다는 사실,

⑤ 본인이 육아가사를 더 분담했다는 사실,

⑥ 자신의 부모님이나 형제자매로부터 경제적 원조를 더 많이 받았다는 사실,

⑦ 상대방배우자의 부모님이나 형제자매를 부양하기 위해 부부공동재산을 지출한 사실,

⑧ 재산 중 자신의 특유재산이 존재한다는 사실 또는 상대방의 특유재산이더라도 그 유지나 감소방지, 증가에 공헌한 사실,

⑨ 결혼 당시에 이미 자신의 재산이 더 많았다는 사실,

⑩ 결혼 당시 상대방에게 채무가 이미 존재했다는 사실,

⑪ 결혼 후 상대방이 학업이나 자격증 취득을 위해서 상당히 많은 비용과 시간을 투자한 사실 및 이를 자신이 뒷바라지해 준 사실 능을 수상·입증해야 한다.

이혼 시 재산분할은 재산형성에 더 많은 기여를 한 사람에게 딱 그만큼 더 많은 재산을 분할해 주겠다는 이른바 청산적요소(=분배적요소)가 그 기본 원칙이기 때문이다.

하지만 재산분할에는 청산적요소만 있는 것이 아니다. 사회보장적요소도 근래 들어 많이 강조되고 있다.

왜냐하면 이혼 시 재산분할의 청산적기능만을 강조하다 보면, 경제적능력이 있는 당사자에게는 유리하겠지만 반대로 경제적능력이 없는 배우자에게는 이혼 후의 생활이 보장되지 않게 되는데, 그렇게 되면 사회적으로 많은 문제가 야기되고 결국 이는 사회적비용으로 작용하기 때문이다.

그래서 자본주의를 채택하고 있는 국가에서도 이의 보완을 위해서 사회주의적 제도를 더하듯이 이혼 시 재산분할함에 있어서도 청산적기능을 보완하기 위해서 사회복지적요소를 가미하는 것이다.

그렇다면 재산분할의 사회보장적요소 측면에서 어떠한 사실들을 주장하고 입증해야 할까?

우선 ① 상대방은 경제적능력이 좋아 이혼 후의 생활이 보장되지만, 자신의 경우에는 경력단절 등의 사유로 이혼 후의 생활을 꾸려가기에 어려움이 있다는 사실,

② 상대방은 공적연금이나 사적연금, 보험 등으로 노후대비가 잘 되어 있지만, 본인은 그렇지 않다는 사실,

③ 미성년자녀를 자신이 양육해야 하지만 양육비만 가지고는 사실상 충분치 않다는 사실,

④ 이혼 후 연로하신 노부모님이나 형제자매를 부양해야 하는 사실,

⑤ 상대방은 이혼 후 부모 등으로부터 상속받거나 증여받을 재산

이 많이 있지만 본인은 그렇지 않다는 사실,

⑥ 자신의 나이가 많아 경제적 활동을 할 수 있는 기간이 얼마 남지 않으므로 사회보장적 요소를 많이 고려해야 할 필요성이 크다는 사실 등을 효과적으로 주장 입증해야 한다.

그렇다면 이혼 시 재산분할을 많이 받아내기 위해서 앞서 언급한 재산분할의 청산적요소와 사회보장적요소만을 잘 주장하고 입증하면 될까?

아니다.

가장 중요한 것이 남아 있다.

재산분할의 손해배상적요소가 바로 그것인데, 재산분할의 손해배상적기능이라 함은 혼인파탄에 책임있는 유책배우자에게 위자료책임을 지우는 것과는 별개로 재산분할함에 있어서도 불이익을 주겠다는 것을 의미한다.

많은 분들 아니 이혼전문가들조차도 유책행위는 오로지 위자료의 문제일 뿐 재산분할과는 하등의 관계가 없는 문제라고 잘못 알고 있지만, 절대 그렇지 않다.

전국 각지에서 선고되고 있는 이혼 및 재산분할 판결을 보면, 많은 판례들이 재산분할함에 있어서 '혼인이 파탄 난 경위'를 참작했다고 하고 있을 뿐만 아니라 많은 대법원 판결에서는 재산분할의 손해배상적기능을 명시적으로 판시하기까지 하고 있다.

그리고 재산분할의 손해배상적기능을 제대로 이해하고 나면, 실제로 이혼 시 재산분할을 많이 받아내기 위해서는 앞서 언급한 재산분할의 청산적요소나 사회보장적 요소보다도 손해배상적기능이 훨씬 더 중요함을 깨닫게 된다.

실무를 해 보아도 그렇다. 즉, 실무에서도 판사님께서 재산분할의 기여도를 정할 때 이 손해배상적요소를 매우 많이 고려하고 있음을 몸서리쳐질 정도로 느끼는 사건들을 많이 경험한다.

그렇기 때문에 이혼 시 재산분할을 극적으로 많이 받아내고 싶다면 앞서 언급한 재산분할의 청산적요소와 사회보장적요소에 해당하는 사실들을 주장하고 입증하는 것만으로는 부족하고, 상대방배우자의 유책행위를 입증할 만한 증거를 확보하는 것이 매우 중요하다.

실제로 우리 솔로몬에서 수행한 사건들 중에서 혼인기간이 10년 이상이 되었음에도 재산분할 기여도를 90%~70% 인정받은 사건들을 보면, 혀를 끌끌 찰 정도의 상대방의 유책증거를 확보한 사건들이었다.

유책행위 중에서도 유독 상대방의 부정행위, 일정 기간 지속된 가혹한 폭행이나 폭언 등이 있었던 이혼소송의 경우에 재산분할함에 있어서 손해배상적요소를 많이 고려하고 있음을 알 수 있다.

그렇기 때문에 이혼 시 재산분할을 말도 안 되게 많이 받고 싶은데, 상대방이 부정행위를 하고 있다면 이를 입증할 빼박증거를 확보하는 일이야말로 그 무엇보다 중요하다고 말할 수 있다.

우리 솔로몬이 재산분할 시 그 무엇보다도 손해배상적요소가 중요함을 강조하는 이유이다.

이혼 시 특유재산이 재산분할대상이 되는 경우와 그 기여도

이혼 시 재산분할 소송에서 많이 다투어지는 문제 중의 하나가 바로 "특유재산이 재산분할 대상이 되느냐?"는 문제이다.

그러다 보니 이혼을 생각하고 계시거나 이미 준비 중이신 분들에게 초미의 관심사일 것이다.

실무를 하다 보면, 이 특유재산에 대해서 재산분할을 어떻게 할지에 대해서 합의가 되지 않아 소송으로 비화되는 경우도 많다. 그래서 특유재산이 재산분할대상이 되는 경우에 대해서 꼼꼼하고도 아주 쉽게 설명해 보려고 한다.

재산분할은 부부가 공동으로 형성한 재산을 그 기여도에 따라 공평하게 나누는 것이므로, 재산분할 대상이 되는 재산은 당연히 부부가 공동으로 형성한 재산만이 분할대상이 된다.

이에 반해 부부가 공동으로 형성한 재산이 아닌 재산을 '특유재산'이라고 하는데, 이 특유재산은 부부공동형성 재산이 아니기 때문에 원칙적으로 재산분할대상의 재산이 되지 않는다.

그럼 특유재산에는 어떤 것들이 있을까?

흔히 문제되는 것은 ① 결혼 당시에 이미 가지고 있었던 재산이거나 ② 결혼 이후에 상속받거나 증여받은 재산, 그리고 ③ 복권당첨금 ④ 그 외 일부 보험금 등을 말한다.

그렇다면 그러한 특유재산에 대해서 민법은 뭐라고 규정하고 있을까?

애매할 때는 우선적으로 법에 해당 규정이 존재하는지부터 봐야 한다.

민법은 '부부의 일방이 혼인 전부터 가진 재산과 혼인 중 자기의 명의로 취득한 재산은 그 특유재산으로 한다.'고 규정하고 있는데, 여기서 ① '부부 일방이 혼인 전부터 가진 재산과 혼인 중 자기의 명의로 취득한 재산'이라 함은 혼인 당시에 이미 소유하고 있던 재산과 혼인 이후에 상속받거나 증여받은 재산 등을 말하고, ② 이를 특유재산으로 한다는 말은 재산분할 대상이 되지 않는다는 의미이다.

위 규정만 언뜻 보면, 특유재산은 재산분할 대상이 절대 되지 않는 것으로 비추어지지만, 판례는 명시적으로 그 예외를 인정하고 있다.

즉, 판례는, '특유재산은 원칙적으로 분할대상이 되지 아니하나, 특유재산일지라도 다른 일방이 적극적으로 그 특유재산의 유지에 협력하여 감소를 방지하였거나 그 증식에 협력하였다고 인정되는 경우에는 분할의 대상이 될 수 있다.'라고 판시하고 있다.

따라서 특유재산의 경우 ① 원칙적으로 재산분할 대상이 되지 않지만, ② 예외적으로는 상대방배우자의 협력으로 감소를 방지했거나 그 증식에 협력하였다고 인정되는 경우에는 재산분할의 대상이 되는 것이다.

그런데 문제는 위 대법원판례의 입장도 애매모호하기 그지없다. 도대체 배우자의 협력으로 감소를 방지하였거나 증식에 협력한 경우가 과연 어떠한 경우를 말하는 것이냐 하는 점에 의문이 든다. 말이 너무 추상적이기 때문이다.

결국 그 판단은 개별 이혼소송을 재판하는 판사님이 정하게 되어있는데, 개별적인 판례를 분석해 보면 "딱~!! 이렇다." 할 만한 일관적인 기준은 없어 보이고, 판례를 분석할 때마다 드는 생각은 '특유재산을 재산분할대상으로 삼고 안 삼고는 판사님의 재량에 맡겨져 있구나~!' 하는 생각이 드는 것이 사실이다.

하지만 판례를 많이 분석해 보면 일정한 패턴을 읽을 수 있는데, 특유재산이 재산분할의 대상이 되는 기준을 중요 순으로 설명해본다.

:: 특유재산에 대한 재산분할 다툼에서는 샅바싸움이 가장 중요하다.

우리 솔로몬은 누차 이혼소송에서는 샅바싸움의 중요성을 아주 많이 강조한다.

여기서 샅바싸움이라 함은 우리 솔로몬이 편의적으로 붙인 이름인데, 곧 "우리가 선한 편이고, 불쌍하며 눈물을 닦아줘야 하는 사람은 바로 우리 측이다."라는 인상을 판사님께 주는 것을 말한다.

이혼소송, 특히나 재산분할 소송에서 샅바싸움이 무엇보다 중요한 이유는, 이혼법 및 그에 대한 판례가 아주 추상적이어서 그 판단과 해석 그리고 그 적용은 결국 해당 사건을 심리하는 판사님의 자유재량에 맡겨져 있고, 판사님은 동정이 가고 피해자라고 생각되는 당사자의 손을 들어주기 마련이기 때문이다.

따라서 이혼소송에서는 판사님의 눈살을 찌푸리게 하는 무리한 주장, 불명확한 주장, 법리나 판례를 거스르는 주장 등을 절대 해서는 안 되고, '바로 내가 피해자이고 눈물을 닦아주어야 하는 사람이 바로 나'라는 인식을 주는 것'이 반드시 필요하고 중요하다.

:: 보장적, 배상적 기능의 필요성이 클수록 재산분할 대상이 된다.

앞서 재산분할청구권의 기능에는 분배적기능(=청산적기능), 보장적기능, 배상적 기능 등이 있다고 하였다. 따라서 재산분할을 심리하고 그 대상, 액수, 기여도를 정함에 있어서는 위 세 가지 기능을 고려해서 정하게 되어 있다.

여기서 ① 분배적기능이라 함은 재산형성에 많이 기여한 사람에게 기여한 정도에 정비례하게 재산분할을 해줘야 한다는 것을 의미하고, ② 보장적기능이라 함은 분배적기능을 사회보장적 측면에서 보정하는 기능으로서, 경제적 능력이 없어서 재산형성에 기여하지 못한 배우자에게 이혼 이후에도 어느 정도의 생활여건을 보장해줘야 한다는 것을 의미하며, ③ 배상적기능이라 함은 혼인파탄에 원인을 제공한 유책배우자에게 재산분할 측면에서도 불이익을 줄 수 있다는 의미이다.

이 중 배상적기능은 위에서 설명한 샅바싸움의 의미와 일맥상통하기 때문에 그 설명을 약하기로 하고, 나머지 보장적기능과 분배적 기능을 설명해 보면,

예컨대 혼인기간 동안 증가된 재산은 전혀 없고 결혼 당시에 이미 남편이 가지고 있던 재산밖에 없는 상황에서, 부인은 경력단절에 소유하고 있는 재산도 없으며, 아이 양육자로 엄마가 지정된 상황에서

공동형성 재산이 없다고 판단하면서 재산분할을 전혀 해주지 않는다면 어느 누가 보더라도 불합리하다.

이때 작동하는 것이 바로 보장적 기능이다.

따라서 이 경우에는 특별히 부인에게 증가나 감소방지에 협력했다고 보이지 않더라도 재산분할의 보장적 차원에서 특유재산을 재산분할의 대상으로 삼는 것이다. 그러므로 특유재산이 재산분할 대상이 되는 경우에 해당한다고 주장하면서 무조건 감소방지나 증식에 협력했다고만 주장하는 것은 하수나 하는 일이다.

무엇이 중요한지를 반드시 알아야 한다는 말이다.

:: 혼인기간이 길수록 특유재산이 재산분할 대상이 될 가능성이 커진다.

특유재산에 대한 판례를 검토해 보면, 항상 인용하는 문구가 있다.

즉 '혼인기간이 ○○년에 이르는 점, … 등을 고려할 때 특유재산을 재산분할 대상으로 삼음이 상당하다.'라는 문구가 바로 그것이다.

그렇다.

혼인기간이 길면 길수록 그 특유재산의 감소방지나 증가, 유지에 협력하였을 가능성도 크기 때문에 그렇게 인정되는 것인데, 이는 재산분할의 분배적기능과 보장적기능으로도 충분히 설명 가능한 문제이다.

그리고 부동산의 경우 부부가 함께 생활해온 주택이라면 재산분할 대상이 될 가능성이 커지고 선산이나 부모님이 거주하고 있는 집, 부모님 사망 후에 타인이 경작하고 있는 시골 전답일수록 재산분할 대상에서 제외될 가능성이 커진다.

그리고 특유재산 말고도 다른 공동형성 재산이 많으면 많을수록 그 특유재산을 분할대상으로 삼을 필요성이 그만큼 적어지기 때문에 분할대상에서 제외될 가능성이 커지고, 다른 공동재산이 적으면 적을수록 재산분할의 사회보장적기능 차원에서 분할대상이 될 가능성이 그만큼 커진다.

그리고 맞벌이일수록, 재산의 규모가 적을수록, 미성년자녀의 양육권이 상대방배우자로 지정될수록, 특유재산이라고 주장하는 자가 유책배우자일수록 재산분할 대상이 될 가능성이 커진다.

특유재산이 재산분할대상이 되는 경우라 할지라도 일반 공동형성 재산과 같이 상대방배우자에게 그 기여도를 33~50% 정도까지 인정하는 경우는 많지 않고(물론 부부공동재산과 특유재산에 대한 기여도를 각각 판단하는 것은 아니나, 편의상 각각 판단된다고 가정할 때), 판사님께서 그 기여한 정도에 따라 재산분할 기여도를 적정하게 조절하기 때문에, 분할대상이 되는지에 대해서만 싸울 것이 아니라 그 기여도를 많이 인정받기 위한 다툼 또한 게을리해서는 안 된다.

신혼부부 이혼 시 혼수, 예물, 예단 반환문제

요즈음 결혼 절차가 과거에 비해 많이 간소화되었다고는 하지만, 지금도 여전히 혼인 전에 신랑 측과 신부 측이 서로 예물이나 예단, 봉채, 채단, 예장을 주고받는 혼인문화가 여전한 것 같다.

예물과 예단은 흔히 쓰이는 용어라서 잘 알고 있겠지만 나머지 용어는 좀 낯설 수 있다.

여기서 봉채라 함은 '혼인 전에 신랑 측에서 신부 집으로 채단과 예장(禮狀)을 보내는 물건'을 말하고, 채단은 '혼인에 앞서 신랑집에서 신부집으로 보내는 예물'을, 예장은 '혼인 시 사주단자의 교환이 끝난 후 정혼이 이루어진 증거로서 신랑 집에서 신부 집으로 보내는 예물'을 각각 말하는데, 과거에는 예장으로서 보통 푸른 비단과 붉은 비단을 혼서와 함께 함에 넣어 밤에 신부 집으로 보내곤 했다.

필자도 이미 옛날 사람이 된 지 오래인지라 결혼할 때 신랑과 신부 양가간에 서로 예물과 예단, 봉채 등을 주고받았을 뿐만 아니라 결혼식 폐백 드릴 때 입는다면서 기계로 수를 놓은 것이 아닌 손으로 수를 놓은 값비싼 한복과 두루마기까지 장만한 기억이 있다.

지금 생각해 보면, 남녀가 결혼해서 부부로서 행복한 혼인생활을 해나가는 데 아무 소용없는 절차라고 생각되지만, 그 당시만 해도 응당히 해야 하는 절차로 알고 양가가 서로 체면 빠지지 않으려고 경쟁하다시피 예물, 예단, 봉채를 장만해서 보내곤 했다.

이혼소송을 수행하다 보면, 요즈음에도 집안의 체면을 중시 여기거나 집안에 재산이 좀 있는 경우에는 예물이나 예단, 봉채비만으로 수천만 원 많게는 억대로 쓰는 경우를 어렵지 않게 볼 수 있다.

그런 수고로움과 많은 비용을 들여 혼인한 후 부부가 잘 살면 괜찮은데, 안타깝게도 혼인한 지 얼마 되지 않아 혼인관계가 파탄나거나 이혼하게 되는 경우가 종종 있다.

그러한 경우에는 늘상 결혼 전 서로 주고받았던 예물이나 예단, 봉채의 반환문제가 발생하는데, 결혼한 지 시간이 많이 흐른 시점에 이혼을 한다면 당연히 과거에 서로 주고받았던 물건이니 그것을 돌려받을 생각도 하지 않겠지만, 혼인기간이 얼마 되지 않은 신혼에 이혼하게 되니 당연히 그 반환을 논하게 되는 것은 어찌보면 당연하기도 하다.

이처럼 신혼부부가 이혼하게 되는 경우 많은 논란이 되고 있는 문제이지만, 민법은 이에 대해서는 침묵하고 있다.

그럴 때는 판례를 찾아보아야 하는데, 다행히도 이 문제에 대해서 수많은 판례들이 있다.

즉, 판례는 일관되게 "혼인 전후에 수수된 예물과 예단은 혼인의 성립을 증명하고 혼인이 성립한 경우 당사자 내지 양가의 절리를 두텁게 할 목적으로 수수되는 것으로서 혼인이 불성립되면 돌려받는 조건으로 주고받는 것이다."라고 판시하고 있다(서울가정법원 2010. 12. 16.자 2010드합 2787 외 다수).

따라서 요컨대, 혼인 전후에 주고받은 예물과 예단은 일단 혼인관계가 성립된 이후에는 그 반환을 청구할 수 없다는 것이다.

위와 같이 판례는 예물과 예단에 대해서만 판단하고 있지만, 예물과 예단과 같은 성질을 가진 봉채나 채단, 예장도 같은 법리가 적용된다.

따라서 법률혼을 채택하고 있는 우리나라 법제에서는 일단 혼인신고가 마쳐진 후에는 그 혼인신고 직후에 이혼한다고 하더라도 판례의 입장에 따라 예물과 예단, 봉채의 반환을 청구할 수 없다.

그렇다면 혼인신고를 하지 않은 부부 즉 법률혼이 아닌 사실혼은 어떨까?

가장 문제되는 것은 결혼식은 올렸으나 혼인신고를 하지 않은 사실혼의 경우인데, 판례는 사실혼의 경우라도 일단 사실혼관계가 형성된 이후에는 법률혼과 마찬가지로 이혼하더라도 그 주고받은 예물이나 예단은 서로 반환을 청구할 수 없다고 하고 있다.

다만, 사실혼관계가 ① 혼인생활을 했다고 할 수 없을 만큼 단기간에 결혼생활이 파탄 나거나 ② 사회적으로 부부공동체생활을 했다고 보기 어려울 정도로 단기간에 결혼생활이 끝난 경우에는 혼인이 성립되지 않은 경우에 준하므로, 이 경우에는 상대방에게 예물이나 예단의 반환을 청구할 수 있다고 하고 있다.

그리고 이때 판례는 '사실혼을 파탄시킨 유책배우자가 예물, 예단 반환 청구를 인용하는 것은 사회적 도덕관념에 반하기 때문에 그 반환청구를 인정하지 않겠다.'는 입장인데, 따라서 유책배우자의 상대방은 유책배우자에게 예물, 예단 등의 반환을 청구할 수 있지만, 반대로 유책배우자는 상대방에게 예물, 예단 등의 반환을 청구할 수 없게 되는 것이다.

그렇다면 마지막으로 신혼부부가 이혼할 때 혼수문제는 어떻게 될까?

혼수문제는 재산분할문제로 다루어지는데, 신혼부부라면 혼인기간이 얼마되지 않았기 때문에 기여도라는 것이 인정되기 어려우므로 각자 가져온 것을 각자 가져가면 된다고 생각하면 되겠다.

그런데 혼수를 다시 가져간다 하더라도 이미 중고가 되었기 때문에 혼수를 마련해간 입장에서는 손해가 이만저만이 아니다. 그렇기 때문에 이 경우 그 손해를 배상하게 하거나 혼수를 마련해간 액수만큼을 돈으로 받을 수 없느냐는 질문을 많이들 하시는데, 현재 판례는 그것까지 고려하고 있지 않는 입장이다.

그렇기 때문에 혼인 시 마련해 간 혼수를 그냥 가져오는 방법밖에 없는데, 다만 위자료나 양육비를 받아낼 사건인 경우에는 그러한 문제가 위자료나 양육비 액수를 산정하는 데 고려되게 할 수는 있다.

다만, 이처럼 이미 중고가 된 혼수를 가져오는 것으로 인해서 손해를 보는 사정을 위자료나 양육비 액수를 정하는 데에 참고될 수 있도록 하는 것은 순전히 사건을 수행하고 있는 변호사의 개인 역량에 달려있는 문제이기는 하다.

재산분할 기여도를 정할 때 양육권이 영향을 미칠까?

이혼할 때 부부간에 합의해야 하는 사항들인 ① 이혼할지 여부(합의가 안 될 때는 재판상이혼사유 존재 여부), ② 위자료, ③ 재산분할, ④ 미성년자녀가 있는 경우에는 그 친권자, 양육자, 양육비, 면접교섭 등 4가지 사항은 각각 별개로 정해지는 것이 아니라 서로 유기적으로 연관되고 영향을 미치면서 정해진다.

그중에서 오늘은 재산분할과 양육권이 서로 어떻게 연관되고 연결되어 정해지는지에 대해서 말해 보려고 한다.

대부분 사람들은 이혼 시 재산분할하면 돈을 많이 벌어온 측 즉 경제적 능력이 있는 쪽이 재산분할을 더 많이 가져가는 이른바 분배적 요소만을 생각하는데, 이혼 시 재산분할 기여도를 정할 때에는 분배적 요소만 고려하는 것이 아니라 사회보장적요소까지 가미하여 이혼 후 경제적 능력이 상대적으로 부족한 한쪽 배우자의 이혼 후의 생활까지 고려해서 정함을 알 수 있다.

이혼승소를 위한 이혼전문변호사들의 秘書

재산분할의 분배적요소를 다른 말로 표현해서 "공평하게 나누기"라고 한다면, 재산분할의 사회보장적요소는 "부족한 쪽에 보태기"라고 할 수 있겠다.

이혼 후의 생활보장 즉 재산분할의 사회보장적요소에 있어서 가장 중요한 것은 이혼 당사자도 당사자지만 슬하의 미성년자녀가 최우선적으로 고려되어야 하고, 그 방향성은 자녀의 올바른 성장과 복지 그리고 교육환경의 보장이다.

물론 이는 양육비로도 어느 정도는 해결할 수 있는 문제이긴 하지만 양육비만으로는 자녀의 올바른 성장과 복지 그리고 교육환경의 보장이 충분치 않은 경우가 대부분이다.

그렇기 때문에 이혼소송에서는 대부분 미성년자녀에 대한 양육자로 지정되는 쪽에게 조금이라도 더 재산분할을 많이 해줘서 미성년자녀를 두텁게 보호하려는 경향을 보인다.

그래서 이혼상담 시 재산분할 기여도에 대해 상담할 때에는 우선 양육자로 지정될 가능성이 어느 정도 있는지부터 살펴보게 되는데, 일단 양육자로 지정되게 되면 재산분할에 있어서 조금이라도 유리하게 작용한다.

그렇기 때문에 이혼 시 재산분할을 많이 인정받길 원한다면 우선적으로 양육자로 지정될 수 있는지 여부를 타진해 보고 부족한 부분을 채우는 방법으로 그 여건을 만들어가는 것이 반드시 필요하다.

보험금 등이 재산분할 대상이 될까?

암보험, 교통사고, 산재, 상해로 인한 배상금 및 보상금 기타 보험금 등이 특유재산인지 아니면 재산분할대상이 되는 공동재산인지가 문제되는 경우가 있다.

이에 대해서 이혼전문가들조차도 제대로 정리가 되어 있지 않아 실제 이혼소송에서 웃지 못할 코미디가 연출되기도 한다.

아니면 말고식 주장이 난무하기 때문이다.

프로 권투선수는 상대방의 움직임을 보면서 상대를 쓰러트릴 타이밍이 되었을 때 카운터펀치를 날리는 반면, 동네 막싸움에서는 상대방을 맞힐 수 있을지 없을지를 전혀 고려하지 않고 재수 좋게 맞으면 좋고, 그렇지 않으면 말고 식으로 마구잡이로 주먹을 뻗는다는 차이점이 있다.

그렇다면 아니면 말고식의 주장을 마구 해대는 이혼전문가는 동네 막싸움꾼인가 아니면 프로 권투선수인가??

이혼전문가라면 적어도 막싸움 정도는 피해야 할 터인데, 현실에서는 전혀 그렇지 않으니 참으로 씁쓸하기 짝이 없다.

그래서 오늘은 많은 이혼전문가님들이 정리하지 못하고 있는 암보험, 교통사고, 산재, 상해에 대한 보험금 등이 재산분할대상인지 혹은 특유재산에 해당하는지에 대해서 간략하게 정리해 보고자 한다.

암보험과 교통사고, 산재, 상해에 대한 보험금은 좀 나누어서 설명할 필요가 있는데,

일단 암보험의 경우를 살펴보자면, 암보험의 경우에는 특별한 사정, 즉,

① 암보험료전액을 일방의 특유재산으로만 지급하였다거나, ② 보험금 전액 상당의 치료비를 배우자 일방이 이미 부담하였다거나, ③ 아니면 보험금 전액 상당의 치료비를 향후 배우자 일방이 부담하여야 하는 등의 사유가 있지 않은 이상,

단지 배우자 일방이 암이라는 질병 치료를 위해 수령한 보험금이라고 하더라도, 이는 특유재산에 해당하지 않는다는 것이 판례의 입장

이다(서울가정법원 2015.5. 7.자 2013드합301539 판결 참조).

따라서 위 3가지 중 어느 하나의 사유가 해당되지 않는 한 부부 일방이 수령한 암보험금은 부부공동재산으로서 부부 각자의 기여도에 따라서 재산분할대상이 된다.

물론 대법원 판례가 아닌 하급심 판례이어서 앞으로 지켜볼 문제이긴 하지만 말이다.

다음으로 교통사고, 산재, 상해로 인한 보험금의 경우는,

보험금 중에서 ① 후유장애로 인한 일실소득의 경우에는 이혼한 날로부터 노동가능기간까지의 기간 동안, ② 그리고 향후치료비의 경우에는 이혼한 날로부터 치료가 종결되는 기간 또는 완치가 불가능하거나 계속적인 치료가 필요한 경우에는 남은 여명기간 동안, ③ 개호비는 이혼한 날로부터 여명기간과 같은 개호가 필요한 기간에 해당하는 금액은 재산분할 대상에서 제외되고,

나머지는 위에서 살펴본 바와 같은 암보험내용과 완전히 동일하다.

따라서 교통사고나 산재, 상해로 인한 보험금 중에서 후유장애로 인한 일실소득부분과 향후치료비 그리고 개호비 중 위 해당사항 이외의 금액 및 후유장애로 인한 일실소득부분과 향후치료비 그리고 개

호비 명목 이외의 금액에 대해서는 ① 보험료전액을 일방의 특유재산으로만 지급하였다거나, ② 보험금 전액 상당의 치료비를 배우자 일방이 이미 부담하였다거나, ③ 아니면 보험금 전액 상당의 치료비를 향후 배우자 일방이 부담하여야 하는 등의 사유가 있지 않은 이상, 부부공동재산으로서 재산분할대상이 되고, 따라서 각자의 기여도에 따라 재산분할대상이 된다.

참고로 교통사고나 산재, 상해로 인한 보험금은 크게 ① 정신적손해와 ② 재산적손해로 구성되고,

재산적 손해는 또 다시 ① 기왕치료비, ② 향후치료비, ③ 기왕에 발생한 일실소득, ④ 향후 발생할 일실소득, ⑤ 한시적 또는 영구적 장애로 인한 일실소득, ⑥ 개호비 등으로 구성되는데,

이혼 시 재산분할함에 있어서 교통사고나, 산재 기타 상해로 인한 보험금이 재산분할 대상이 된 경우에 이를 해결하기 위해서는 이혼전문변호사라 하더라도 손해사정에 관한 해박한 지식이 있어야 한다.

하지만 이러한 지식에 대해서는 법학교육 커리큘럼이나 연수과정에서 배우지 않기 때문에 이혼전문가님들이 이에 대해 잘 모른다는 것이 가장 큰 문제인 것 같다.

면장도 알아야 할 수 있듯이, 이혼소송도 많은 지식이 있어야 잘 할 수 있는 것이다.

이혼승소를 위한 이혼전문변호사들의 秘書

이혼소송 중 배우자 일방이 사망하면...

지난 2020년 3월 7일 **SBS** 시사교양 프로그램 "그것이 알고 싶다"에서 "관악구 모자살인사건"이라는 제목으로 끔찍한 사건이 방영된 적이 있다.

이 사건은 결국 잠자는 처와 아들을 무참히 살해한 사람이 바로 죽은 처의 남편이자 아들의 아빠인 것으로 기소되어, 1심판결에서 남편이 무기징역을 선고받은 사건인데, 이 사건의 범행동기에 대해서, 해당 방송에서는 전문가들조차도 도저히 알 수 없다고 인터뷰하고 있었다.

하지만 방송된 직후 우리 솔로몬이 블로그를 통해서 그 범행의 동기가 바로 남편이 죽은 처로부터 재산분할청구 및 양육비청구를 당하는 것을 피하기 위한 것일 가능성이 높다는 내용으로 포스팅한 바 있다.

그러자 그 이후에, 그럼 이혼소송 도중에 배우자 일방이 사망하게 되면 소송은 어떻게 되냐는 질문이 빗발쳤다.

그래서 이에 대해서 간단히 살펴 보고자 한다.

이혼소송에서는 통상 ① 이혼청구의 소, ② 위자료청구의 소, ③ 재산분할청구의 소, ④ 친권자, 양육자지정 및 양육비, 면접교섭청구 소송 등 모두 7개의 소가 병합되어 진행된다.

그렇다면 이혼소송 도중에 당사자 일방이 사망하게 되면 어떻게 될까?

결론적으로 말하면 ① 이혼청구소송과 ② 미성년자녀에 대한 양육자, 친권자, 양육비, 면접교섭심판청구소송은 당사자 일방의 사망과 동시에 종료되고, ③ 위자료청구소송과 ④ 재산분할청구소송은 당사자 일방의 사망으로 종료되지 않고, 그 사망한 배우자의 상속인이 그 소송을 수계받는다.

당사자 일방의 사망으로 이혼소송이 종료되는 이유는, 판례가 "재판상이혼청구권은 부부의 일신전속적 권리이므로 이혼소송 계속 중 배우자 일방이 사망한 때에는 상속인이 수계할 수 없음은 물론 검사가 수계할 수 있는 특별한 규정도 없기 때문이고,

위자료와 재산분할의 경우 당사자 일방이 사망하더라도 종료되지 않고, 그 사망한 상속인이 소송을 수계받는 이유는, 위자료청구권과 재산분할청구권도 물론 일신전속권이긴 하나 이는 귀속상 일신전속권이 아닌 행사상 일신전속권에 불과하므로, 소를 제기하는 방법으로 일단 그 청구권을 행사하였다면, 그 청구권은 이미 행사된 것이어서 양도나 상속 등 승계가 가능한 권리가 되기 때문이다.

반면 미성년자녀의 친권자, 양육자, 양육비, 면접교섭권심판청구소송이 당사자 일방의 사망으로 종료되는 이유 또한 더 이상의 소의 이익이 없어졌기 때문이다.

참고로 만약에 이혼소송을 제기하기 전에 부부 일방이 사망하게 되면, ① 이혼소송, ② 위자료청구소송, ③ 재산분할청구소송, ④ 미성년자녀에 대한 친권자지정, 양육자지정, 양육비청구소송, 면접교섭심판청구소송 등 그 어느 것도 청구할 수 없다.

또한 위자료청구는 이혼한 날로부터 3년 내에, 재산분할청구는 이혼한 날로부터 2년 내에 청구할 수 있으므로, 이혼 후 당사자 일방이 사망하였지만 이혼한 날로부터 2년 혹은 3년이 경과하지 않았다면, 그 사망한 일방의 상속인이 혹은 사망한 일방의 상속인을 상대로 위자료나 재산분할을 청구할 수 있는지가 문제되는데, 간단하게 답만 드리자면, 위자료청구는 상속인이 청구할 수도 없고, 상속인을 상대로도 청구할 수도 없지만, 재산분할청구는 좀 다르다.

즉, 재산분할청구는 재산분할청구권이 당사자 본인만 행사할 수 있는 행사상 일신전속권이기 때문에, 재산분할을 청구할 배우자 일방이 사망한 경우에는 사망한 배우자의 상속인이 다른 배우자를 상대로 재산분할을 청구할 수 없지만, 반대로 재산분할청구를 당할 배우자 일방이 사망한 경우에는 그 사망한 배우자의 상속인을 상대로 재산분할을 여전히 청구할 수 있다.

내용이 좀 복잡하고 어려울 수 있지만 실무에서 많이 문제가 되기도 하고, 많은 분이 궁금해하시는 문제이기도 해서 한번에 정리해 보았다.

좀 어렵고 복잡한 내용이어서 이혼전문가 눈높이에서 정리해 보았다.

재산형성에 기여한 바 없지만 부양적 의미만으로 재산분할 할 수 있을까?

여러 번 반복한 바와 같이, 재산분할의 기여도를 정함에 있어서는 ① 분배적요소(=청산적요소), ② 부양적요소(사회보장적요소), ③ 배상적요소 등 3가지 요소를 감안하도록 되어 있다.

그렇다면 "재산형성에 기여한 바가 전혀 없어 분배적요소를 감안할 여지가 전혀 없는 경우에도, 부양적요소를 감안해서 재산분할을 인정해줄 수 있을까?"

또는 "재산형성에 기여한 바가 전혀 없어 분배적요소를 감안할 여지가 전혀 없는 경우에도, 배상적요소를 감안해서 재산분할을 인정해줄 수 있을까?" 하는 의문이 든다.

일단 후자부터 논해 보자면, 부부공동재산에 기여한 바가 전혀 없어서 분배적요소를 감안할 여지가 전혀 없다면, 재산분할에 있어서 배상적요소를 감안해서 재산분할청구를 인정할 수는 없는 문제이고,

따라서 혼인파탄에 대한 책임은 위자료 액수를 좀 더 인정하는 방법으로만 해결할 수 있을 것이다.

그렇다면, 전자의 경우 즉, 부부공동재산의 형성에 기여한 바가 전혀 없어 분배적요소를 감안할 여지가 전혀 없는 경우에도 부양적요소를 감안해서 재산분할청구권을 인정할 수 있을까?

좀 어려운 문제이긴 한데, 다행히도 이에 대해서 언급한 판례가 있다.

그럼 해당 판례에서는 어떠한 결론을 내리고 있을까?

법원은 "부부공동재산의 형성에 기여한 바가 전혀 없어 분배적요소를 가미할 여지가 전혀 없는 경우에는 부양적요소를 감안할 필요가 있다는 이유만으로 재산분할을 인정해 줄 수 없다."고 하고 있다.

물론 이 판례내용은 1심인 서울가정법원에서 나온 판결이어서 대법원 입장이라고 단언할 수는 없으나, 일단 대법원 "종합법률정보" 사이트 내 판례 파트에 업로드 해놓은 것을 보면 대법원의 입장도 이와 크게 다르지 않다는 의미가 아닐까 싶다.

하지만 우리 솔로몬이 판단하기에는 "부부공동재산의 형성에 기여한 바가 전혀 없는 경우"를 찾아보기란 쉽지 않기 때문에 이 판례를 곧이곧대로 적용할 수 있는 경우는 그리 많지 않으리라고 생각된다.

왜냐하면 ① "아이를 출산하는 것도 재산형성에 기여한 바가 있다고 해야 하고", ② "가사를 전담하는 것도 재산형성에 기여한 바가 있다고 해야 하며", ③ "밖에 나가서 일한 소득으로 생활비에 충당한 것도 부부공동재산의 형성에 기여한 바가 있다고 해야 하기 때문이다."

하지만 이혼소송에서 재산분할 다툼에 적절하게 대응하려면 이러한 판례의 입장을 정확히 알고는 있어야 한다.

사소한 것이더라도 알고 있는 것과 모르는 것하고는 실전에서는 하늘과 땅과 같은 차이를 보이기 때문이다.

아는 만큼, 딱 그만큼만 이혼소송에서 승소할 수 있으며,

아는 만큼, 딱 그만큼만 의뢰인에게 이익을 줄 수 있고,

아는 만큼, 딱 그만큼만 이혼소송에서 적절하게 대응할 수 있기 때문에,

이혼소송에서 좋은 성과를 내기 위해서는 많이 알면 알수록 좋으며, 몰라도 되는 것은 절대 없다.

보험은 "해지환급금"이
재산분할 대상이다

이혼 시 재산분할에서 상조나 보험이 문제되곤 한다.

물론 현재까지는 이혼소송 시 상조와 보험 등을 재산분할 논점에서 누락시키거나 논점으로 아예 잡지 못하는 경우가 많아서 많은 사건에서 논점으로 부각되지는 않지만, 알고 보면 상조나 보험에 대한 계약자명의변경이나 재산분할대상 포함여부 관련 중요한 문제들이 많이 존재한다.

요즈음은 최소한 보험을 1~2개 가지고 있지 않은 사람을 찾아 보기 힘들 정도이므로, 당연히 이혼소송 시 재산분할 다툼에서 무조건 상조나 보험이 다루어질 것 같지만, 전혀 그렇지 않은 상황을 보면 이해되지 않지만, 실제로 이혼소송을 해 보면 현 실정은 그렇다.

이혼소송 시 상조나 보험에 대한 재산분할문제에서 ① 계약자변경이나 수익자, 피보험자를 어떻게 정리할 것이냐 하는 문제도 논의되어

이혼승소를 위한 이혼전문변호사들의 秘書

야 하고, ② 재산분할 대상으로 삼을 것이냐? 삼는다면 그 경제적 가치를 어떤 기준으로 삼을 것이냐 하는 문제 또한 논점으로 다루어져야 한다.

실제로 네이버 지식인에 올라오는 질문들을 보면, 이혼 시 보험문제를 정리하지 않아 매우 곤란해하시는 분들을 심심치 않게 볼 수 있다. 이혼 시 보험문제를 재산분할로 정리해 두지 않으면 이혼소송 이후 별도로 민사소송 등을 통해서 정리해야 하는데 그렇게 되면 소송비용이 별도로 들어가게 되니 문제가 된다.

따라서 이혼하는 경우에는 상조나 보험문제를 반드시 정리해 두어야 이혼 후에 문제가 발생하지 않는데, 우선 오늘은 상조나 보험이 재산분할 대상이 되는 경우와 대상이 된다면 그 가액을 어떤 기준으로 산정할 것이냐 하는 문제에 대해서만 살펴보기로 한다.

통상 이혼소송에서 상조나 보험의 경우 재산분할 기준이 되는 금액으로 납입금을 주장하는 경우를 많이 볼 수 있는데, 상조보험을 포함한 모든 보험은 재산분할 시 보험납입금이 아닌 해지환급금 또는 해약환급금이 재산분할 대상이 된다.

따라서 제아무리 보험납입금이 많더라도 해지 내지는 해약환급금이 없는 순수 보장성보험인 경우에는 재산분할 대상이 되지 않는다.
그러므로 상조나 보험을 재산분할의 대상으로 삼기 위해서는 ① 해지환급금이 있다는 사실과 ② 변론종결일 또는 그 이전에 이미 파탄난 경우에는 그 파탄일 기준으로 해지환급금의 정확한 액수를 입증해야만 한다.

이러한 이혼법률지식을 모든 이혼전문가가 알고 있는 것 같지만 절대 그렇지 않다.

이를 수긍할 만한 하나의 판례를 소개해 보면,

이 사건은 원고의 소송대리인이 피고명의의 상조상품에 납입한 금액 2,068,530원이 재산분할대상이 되어야 한다고 주장한 사안인데,

이 사안에 대해서 재판부는 판결을 통해 "원고는 피고가 가입한 ** 상조 '***자율선택형' 상품 납입금액 2,068,530원은 피고명의의 적극재산으로 재산분할의 대상에 포함되어야 한다는 취지로 주장하므로 살피건대, 이 법원의 ***상조 주식회사에 대한 금융거래정보제출명령결과(2016년 12월2일 회신) 및 변론전체의 취지를 종합하면, 피고가 2012년 3월 6일 ***상조 주식회사의 상조공제상품인 '***자율선택형' 상품에 가입하여 이후 매월 일정한 금원을 납입하여 왔고, 2016년 11월 30일 기준 납입금액이 합계 2,068,530원인 사실을 인정할 수 있으나, 위 납입금액은 추후 이용할 것이 예정되어 있는 상조서비스에 대한 대가를 미리 분할하여 지급하는 성격의 것으로, 피고가 위 상품을 해지할 경우, 위 납입금액 전액을 환급받을 수 있다고 보기 어려우므로, 원고의 주장은 이유없다."고 판시하고 있다(인천가정법원 2017. 8. 25.자 2016드합10305 판결).

위 판결의 요지는 결국 ① 원고의 소송대리인이 피고명의의 상조보험의 납입금이 재산분할대상이 되어야 한다고 주장할 뿐 ② 그 해지환급금이 존재한다는 사실을 주장 입증하지 않았을 뿐만 아니라, ③ 그 해지환급금 액수에 대해서도 전혀 주장 입증하지 않았으므로, 원고 소송대리인의 주장을 배척할 수밖에 없다는 내용이다.

뿐만 아니라 위 판결문을 잘 검토해 보면 원고의 소송대리인이 얼마나 소송을 잘못 진행했는지를 알 수 있다.

즉 원고의 소송대리인은 상조보험의 재산분할대상이 납입금이 기준인 것으로 잘못 알고 그 납입금을 알아 내기 위해서 상조회사에 대해서 금융거래제출명령신청을 했는데, 정말 참담하다.

사실 이 사건은 상조회사에 대해서 "① 해당 상조보험상품을 해지하는 경우 해지환급금을 지급하도록 되어있는지 여부 및 그에 대한 근거 약관을 송부하고, ② 해지환급금이 있다면 그 액수 및 그 산정의 근거가 된 약관을 송부해 달라."는 내용의 사실조회신청이나 문서제출명령으로 했어야 하고, 그랬다면 최소한 이 부분을 승소할 수 있었던 문제이다.

사실 이혼소송에서는 이러한 작은 것들이 모여 큰 승패를 좌우한다.

이혼소송를 위한

이혼전문변호사들의 秘書

미성년자녀의 양육문제

부부가 이혼하게 되면 자녀는 불가피하게 어느 한쪽의 부(父) 혹은 모(母)와 생활해야 한다. 이때 그 자녀가 미성년인 경우에 부모 중 누구와 함께 살 것이며 누구의 보호를 받을 것이냐의 문제가 바로 친권과 양육권의 문제이고, 이는 자녀의 성장과 복지에 직접적인 영향을 미치는 중요한 문제이다.

법은 자녀가 성년인 경우에는 그 자녀를 누가 보호하고 양육할 것인가 하는 문제에 관해서는 전혀 관여하지 않는다. 이혼당사자와 그 성년인 자녀의 자유로운 선택에 맡기겠다는 취지이다.

다만 그 자녀가 만 19세가 되지 아니한 미성년자인 경우에는 그 양육권 문제에 관하여 국가가 적극적으로 개입하게 된다. 미성년인 자녀는 아직 사회적 보호가 필요한 데다가 그 의사형성과 의사표시에 있어서 불완전하며 누군가의 보호와 양육책임이 절실하기 때문이다.

그래서 재판상 이혼하는 경우는 물론이고 협의이혼하는 경우에도 미성년인 자녀에 대한 양육문제가 정해져야 이혼할 수 있도록 하고 있을 뿐만 아니라, 이혼 후에도 미성년인 자녀의 양육문제에 관련해서는 국가가 적극적으로 개입하여 자녀의 성장과 복지를 추구한다.

따라서 이번에는 미성년인 자녀가 있는 경우에 자녀에 대한 친권자와 양육자 그리고 양육비 관련해서 전권인 『내가 이혼전문변호사다』의 내용을 보충하기로 한다.

친권자, 양육자로 지정되기 위한 방법

　이혼 시 미성년자녀가 있는 경우에는 그 자녀에 대한 친권자와 양육자를 정해야 하는데, 협의이혼의 경우에는 일단 부부간에 합의에 의해서 정하면 되고, 협의가 안 되면 소송을 통해서 정해야 하는데, 그렇다면 법원이 미성년자녀에 대해서 친권자, 양육자를 정하는 기준은 무엇일까?

　일단 민법은 친권자를 정하는 기준과 양육자를 정하는 기준에 대해서 별도로 규정하고 있는데, 즉, 친권자를 정하기 위한 기준에 대해서 법에서는 '가정법원이 친권자를 지정함에 있어서는 자(子)의 복리를 우선적으로 고려하여야 한다.'라고 규정하고 있고, 양육자를 정하기 위한 요건에 대해서는 ' ~~~가정법원은 ~~~그 자(子)의 의사(意思)·연령과 부모의 재산상황, 그 밖의 사정을 참작하여 양육에 필요한 사항(양육자 포함)을 정한다.'라고 하고 있다.

　그렇다면 판례는 이에 대해서 어떤 입장일까?

대법원은 '자의 양육을 포함한 친권은 부모의 권리이자 의무로서 미성년인 자의 복지에 직접적인 영향을 미친다. 그러므로 부모가 이혼하는 경우에 부모 중에서 미성년인 자의 친권을 가지는 사람 및 양육자를 정함에 있어서는, '① 미성년인 자의 성별과 ② 연령, ③ 그에 대한 부모의 애정과 양육의사의 유무는 물론, ④ 양육에 필요한 경제적 능력의 유무, ⑤ 부 또는 모와 미성년인 자 사이의 친밀도, ⑤ 미성년인 자의 의사 등의 모든 요소를 종합적으로 고려하여 미성년인 자의 성장과 복지에 가장 도움이 되고 적합한 방향으로 판단하여야 한다.'라고 판시하고 있다.

자~ 그럼 민법규정과 판례가 거론하고 있는 친권자, 양육자를 정하는 기준들을 법과 판례가 모두 공히 거론하는 것들과 판례만 거론하고 있는 것들을 구별하여 설명해 보기로 한다.

:: 민법과 판례가 모두 삼고 있는 기준

우선 민법과 판례 모두가 그 기준으로 삼고 있는 기준들을 차례대로 보면,

우선 첫 번째로 '부모의 재산상황이나 경제적 능력'이다.

따라서 경제적 능력이 있으면 양육자 및 친권자로 지정되는 데 유리함을 알 수 있다. 하지만 실무상으로는 부모의 재산상황이나 경제적 능력이 양육자, 친권자로 지정되는 게 크게 작용하지는 않는다.

이혼승소를 위한 이혼전문변호사들의 秘書

물론 재벌이나 준재벌정도의 이혼소송에서는 영향을 많이 받는 사항이긴 하지만 그 정도가 아니라면 '양육비'와 '재산분할의 사회보장적 요소'를 가지고 경제적 능력이 부족한 부분을 얼마든지 보충할 수 있기 때문에 실제 재판에서는 크게 작용하는 기준은 아니다.

즉, 재산이 적은 당사자를 양육자로 지정하는 경우에는 재산분할의 사회보장적 기능을 적극 활용하여 양육자에게 재산분할을 조금 더 인정해 주면 되고, 소득이 적은 당사자를 양육자로 지정하는 경우에는 양육비를 '양육비산정기준표'상의 양육비보다 더 많은 금액을 인정해 주는 방법으로 해결하면 되기 때문에, 이혼소송 실무에서는 부모의 재산상황이나 경제적 상황은 양육자, 친권자를 지정함에 있어서 크게 작용하는 기준이 되지 못한다.

실무가 그러함에도 이혼상담을 하다 보면, '양육자로 지정되려면 일단 취업부터 하라'는 조언을 이혼전문가들로부터 들었다는 이야기를 자주 듣는데, 그러한 조언을 하시는 이혼전문가님들은 민법 및 판례 공부만 했을 뿐 실무를 잘 모르시기 때문이 아닌가 싶다.

양육권, 친권 문제는 법과 판례보다는 실무를 잘 알아야 한다는 특이점이 있는 부분이다.

민법과 판례가 모두 양육자, 친권자를 정하는 기준으로 삼고 있는 두 번째 기준이 바로 '자녀의 의사'인데, 이는 실제로 실무에서도 매우 중요한 기준이다.

가사소송규칙에서는 자녀가 만 13세 이상인 경우에만 그 자녀의 의사를 청취하도록 되어 있지만, 실무상으로는 자녀가 13세 미만인 경우에도 연령에 관계 없이 자녀의 의사는 굉장히 많이 참작된다. 물론 자녀의 나이가 많을수록 그 의사가 더 많이 고려되기는 하지만 말이다.

그리고 마지막으로 민법과 판례 모두 양육자, 친권자를 정하는 기준으로 '자녀의 연령'을 언급하고 있는데, 이는 자녀가 어릴 경우에는 엄마의 손길이 많이 필요한 시기이므로 가능한 엄마를 양육자로 지정하겠다는 내용인데, 실무상으로 보아도 대개는 그렇게 판결이 선고되는 경향이 크다.

하지만 남편 측에서 마땅한 양육보조자 및 양육방식만 잘 마련한다면 얼마든지 넘을 수 있는 장애물에 불과하다.

:: 판례만 그 기준으로 제시하고 있는 것

그리고 민법에서는 명시적으로 규정하고 있지 않지만 판례가 그 기준으로 제시하고 있는 것은 ① 미성년인 자의 성별, ② 자녀에 대한 부모의 애정과 양육의사의 유무, ③ 부 또는 모와 미성년인 자 사이의 친밀도 등인데, 이들 조건은 실무상으로도 매우 중요한 요소들이다. 차례대로 설명해 보자면,

'미성년자녀의 성별' 문제는 자녀가 딸일 경우 가능한 한 엄마를 양육자로 지정하려는 경향을 말하지만, 실무상 절대적인 기준은 아니다. 그리고 자녀가 아들이라고 해서 아빠가 양육자로 지정되는 데 유리하게 작용하지도 않는다.

그리고 두 번째 기준인 '자녀에 대한 부모의 애정 및 양육의사'인데, 실무적으로 매우 중요하게 보고 있는 기준이다. 그렇기 때문에 이혼소송 및 가사조사절차에서도 미성년자녀를 양육하고자 하는 의사를 강력하게 피력하는 것은 굉장히 중요하고 반드시 필요하며 편중되지 않은 애정을 판사님께 호소하는 것 또한 중요하다.

판례상으로도 그렇고 실무상으로도 양육자, 친권자로 지정하는 데 있어서 '자녀에 대한 부모의 애정 및 양육의사'를 크게 고려하고 있기 때문에 예컨대, 무슨 이유로든 집을 가출하는 경우에 양육자, 친권자로 지정되고자 한다면 절대로 자녀를 집에 두고 나와서는 안 된다. 절대로 말이다.

어떠한 이유로든 자녀를 두고 집을 나간 상태에서 양육권, 친권을 주장하고자 한다면 적극적으로 말리고 싶다. 아이들을 데리고 집을 나가든지 그럴 상황이 아니면 가출을 하지 말든가 아니면 다른 방법을 찾아보아야지, 그 어떠한 이유로든 아이들을 두고 집을 나가게 되면 무조건 불리하게 작용한다는 점을 명심해야 한다.

그리고 세 번째로 판례가 양육자, 친권자로 지정함에 있어서 삼겠다는 기준이 바로 '부 또는 모와 미성년인 자 사이의 친밀도'인데, 실제로 실무에서도 부모와 자녀간의 친밀도를 보기 위해서 법원 내 면접교섭실 등에 부부와 자녀를 함께 한공간에 두고 친밀도를 관찰하기도 할 만큼 법원이 면밀히 살피는 조건이다.

이때 아이들이 눈치를 보거나 무서워하거나 불편해한다면 양육자, 친권자로 지정되는 데 치명적일 수 있지만, 그 정도가 아니라면 크게 걱정하지 않아도 되는 기준이다.

:: 민법과 판례가 기준으로 제시하고 있지는 않지만 실무적으로 매우 중요한 기준

마지막으로 민법이나 판례가 양육자, 친권자를 정함에 있어 그 기준으로 명시하고 있지는 않지만, 사실 명시하고 있는 기준들보다 실무적으로 훨씬 더 중요한 기준들이 있다.

그중 가장 중요한 기준은 뭐니뭐니 해도 '자녀에 대한 현실적 양육을 확보하는 것'이다. 따라서 상대방배우자로부터 자녀를 분리시키면서 자녀에 대한 단독적인 양육을 확보하는 것이 그 무엇보다 중요하다.

그래서 양육권 다툼이 예상되는 이혼소송에서 자녀를 서로 뺏고 뺏기는 일이 벌어지곤 하는데, 그만큼 매우 중요한 기준이고 절대적인 기준이다.

이 기준이 중요하다는 사실을 지금은 많은 이혼전문가분들이 알고 계시지만, 이 기준이 중요한 것을 알고 처음 양육권 다툼에서 전략으로 사용한 것이 바로 우리 솔로몬이라는 사실은 아마도 모를 것이다.

자녀에 대한 현실적 양육이 양육권, 친권 소송에서 매우 중요한 이유는 크게 3가지가 있는데, 아마도 대부분은 현실적 양육이 중요하다는 결론만 알 뿐 그 이유와 원리는 모를 것이다. 우리 솔로몬이 매번 강조하지만 법이라는 것은 그 결과만 알아서는 무용지물이고 반드시 그 원리를 알아야 살아 숨쉬는 응용력 있는 지식이 된다.

그리고 두 번째로 자녀의 양육자, 친권자로 지정되고 싶다면, 상대방배우자의 유책증거를 확보하는 것이다.

이혼소송이나 양육권 소송을 포함한 모든 가사소송에서는 이른바 '살바싸움'이 절대적으로 그 승패를 좌우한다.

민법이나 판례가 친권자, 양육자를 지정하는 데 고려하겠다는 기준이 애매모호한 것이어서 그 적용에 있어서 판사님 재량이 많이 가미될 수밖에 없기 때문에 그 어떠한 기준들보다도 어찌보면 살바싸움이 양육권 싸움에서도 가장 중요하다고 할 수 있다.

특히 배우자의 외도증거를 확보한 경우에는 일단 양육권, 친권 싸움에서 매우 유리한 고지를 점령했다고 해도 과언이 아닐 정도다.

친권자로 지정되지 못하면
친권이 상실될까?

혼인 중에는 자녀에 대한 친권을 부부가 공동으로 행사하도록 되어 있는데, 이혼할 때에는 반드시 부부 중 일방을 친권자를 지정해야 이혼할 수 있다(물론 부부 모두를 공동친권자로 지정할 수도 있다).

협의이혼절차에 따라 이혼을 하려고 해도 친권자를 정해서 그 내용을 적은 "자의 양육 및 친권자결정에 관한 협의서"를 제출해야 협의이혼할 수 있고, 조정이혼이나 소송이혼절차에 따라 이혼을 할 때에도 미성년자녀가 있는 경우에는 반드시 그 친권자 및 양육자가 지정되어야 이혼할 수 있다.

협의이혼 또는 조정·소송이혼절차에 따라 친권자로 지정된 부모 중 일방은 친권을 단독으로 행사할 수 있고, 그 친권자지정에 관한 내용은 미성년자녀의 "기본증명서"에 등록되므로, 이혼 후 친권자로 지정된 부모 중 일방이 친권을 행사함에는 본인이 단독친권자로 지정되어 있음을 자녀의 기본증명서를 가지고 입증해서 단독행사하면 된다.

기본증명서는 전국 어디에서든 가까운 주민센터나 읍·면사무소, 시·군·구청에서 발급받을 수도 있고, "민원24"사이트를 통해서 온라인으로도 발급받을 수 있다.

그렇다면 이혼 시 친권자로 지정되지 않은 배우자는 친권이 상실되는 것일까?

결론부터 말하자면, "절대 아니다."

친권자로 지정되지 않았더라도 여전히 자녀에 대한 친권을 가지고 있는 것이고, 다만 그 행사만 제한되는 것이다. 이혼 시 친권자를 정한다고 할 때, 친권자라 함은 정확하게는 친권행사자를 의미하기 때문이다.

따라서 이혼 시 부모 일방을 친권자로 정했다는 의미는 부모 모두 친권은 그대로 유지하고, 다만 친권을 행사할 친권행사자만 그 일방으로 지정하는 것을 의미한다.

많이 오해하는 부분이다.

친권을 포기하면 양육비를 안 줘도 될까?

간혹 "이혼하면서 친권을 포기하고자 하는데 그 친권포기각서 양식을 가르쳐달라."거나 "친권을 포기하면 양육비를 안 줘도 되느냐?" "친권을 포기하는 절차를 가르쳐달라."는 등의 상담요청이 있다.

이에 대해 우리 솔로몬이 "친권은 포기할 수 없는 겁니다."라고 답변하면, "내가 권리를 포기하겠다는데 왜 못하는 것이냐?"면서 의아해하곤 하시는데, 친권이란 것은 '부모가 미성년자녀에 대해서 가지는 신분상, 재산상 권리와 의무의 총체'라고 정의되는 바와 같이 권리인 측면도 있지만 의무인 측면도 있다.

권리인 측면만 있다면야 마음대로 포기할 수도 있겠지만, 국방의 의무, 납세의 의무를 마음대로 포기할 수 없는 것과 같이 의무의 측면이 있는 친권 또한 임의로 포기할 수 없음은 당연하다.

친권을 구성하는 신분상 권리와 의무에는 구체적으로 '자녀를 보호

이혼승소를 위한 이혼전문변호사들의 秘書

하고 교양할 권리와 의무, 자녀의 거소를 지정할 권리와 의무, 그리고 자녀를 징계할 권리와 의무, 자녀의 인도를 청구할 권리와 의무, 자녀의 친권을 대행할 권리와 의무' 등이 있다.

예컨대, 미성년인 자녀를 안전하게 보호할 권리와 의무, 올바른 인생관과 가치관을 가진 인격체로 교양할 의무와 권리, 안전하고 올바른 교양이 함양될 수 있는 거소를 지정해야 할 의무와 권리, 그릇된 행동에 대해서 징계할 권리와 의무, 자녀를 부당하게 탈취당했을 경우 그 인도를 청구할 권리와 의무, 미성년인 자녀가 부득이한 사정으로 자신의 자녀에 대한 친권을 행사할 수 없을 때 그 친권을 대신해서 행사할 권리와 의무를 가진다.

그리고 재산상 권리와 의무는 '자녀의 재산을 관리할 권리와 의무, 자녀가 재산상행위를 하는데 그에 대한 동의·허가·취소·대리할 권리와 의무' 등을 말한다.

예컨대, 미성년자녀가 10억 권의 예금채권을 가지고 있는 경우, 그 재산을 잘 관리할 권리와 의무, 미성년자녀가 그 10억 권으로 건물을 매수하고자 할 때 그에 대한 동의, 허가할 권리와 의무, 그 건물매매계약을 대리할 권리와 의무, 매수 후 그 건물에 하자가 있어 매매계약을 취소하고자 할 때 취소할 권리와 의무를 가지는 것이다.

이처럼 친권이라는 것은 권리로서의 측면과 의무로서의 측면을 동시에 가지고 있는 것이다. 그렇기 때문에 부모의 선택에 따라 마음대로 친권을 포기할 수는 없다.

이는 미성녀자녀의 성장과 복지를 보장하기 위한 당연한 법적 조치인데, 다만 부모가 자녀의 복리를 해할 우려가 있는 경우에 법원이 이러한 사정을 심리한 후 친권상실선고나 제한선고를 할 수 있을 뿐이고 친권이 상실되거나 제한된다고 하더라도 양육비지급의무는 변함이 없다.

사정이 그러하다 보니 당연히 친권포기각서는 효력이 없는 것이고 제아무리 공증을 받았더라도 마찬가지이다.

만에 하나 친권을 포기할 수 있는 제도가 신설된다고 가정하더라도, 그러한 경우 아마 양육비 지급의무는 면하지 못하리라 예상된다.

이혼승소를 위한 이혼전문변호사들의 秘書

부부 모두 자녀 양육 거부,
이혼할 수 있을까?

　부부 모두 미성년자녀 양육을 거부하는데, 이럴 때 이혼소송을 제기하면 법원에서 적절하게 양육자를 지정해 주느냐는 질문을 드물지 않게 받는다.

　이럴 때 우리 솔로몬은 "부부 모두 양육을 거부하게 되면, 법원은 이혼 심리 자체를 하지 않기 때문에 이혼소송을 제기해도 소용없다. 자녀 양육을 간절히 원했던 사람도 막상 이혼하게 되면 혼자 양육하는 데 어려움이 많기 때문에 양질의 양육을 기대하기 어려운 경우가 있는데, 하물며 양육을 거부하는 부모한테 양육을 억지로 맡기게 되면 올바른 양육이 이루어질 리가 없다. 그래서 그러한 경우 법원은 이혼 심리 자체를 하지 않는다."라고 답한다.

　그러면 또 다시 어떤 이혼전문가님들은 "법원에 양육자지정심판청구를 하면 법원에서 양육자를 지정해 준다고 하시던데요?"라고 재차 묻는다.

그러면 우리 솔로몬은 "양육자지정심판청구는 부모가 미성년자녀를 서로 양육하기를 원할 때 법원이 양육을 더 잘 할 것 같은 부모 일방을 양육자로 지정해 주는 절차이고 서로 양육을 거부하는 상황에서 억지로 어느 한 편을 양육자로 지정해 주는 절차가 아니다."라고 답한다.

그렇다.

부부가 서로 이혼하려고 하는데, 부부 모두가 미성년자녀의 양육을 거부하는 상황에서는 이혼할 수 없다. 협의이혼은 물론이고 조정이혼, 소송이혼절차 모두 그렇다.

반드시 미성년자녀의 양육자가 지정되어야 이혼할 수 있는 것이다.

이는 미성년인 자녀의 성장과 복지를 국가로서는 최소한이라도 고려해야 하기 때문인데, 만약 양육을 거부하는 부모 일방에게 미성년자녀의 양육을 법원이 강제로 지정하여 떠맡기게 되면, 양질의 양육을 기대할 수 없을 뿐만 아니라 미성년자녀의 성장과 복지 또한 기대할 수 없게 된다.

물론 부부의 혼인관계를 계속 존치시켜 양육을 거부하는 부모들 밑에 미성년자녀를 계속 방치하는 것도 미성년자녀의 성장과 복지를 기대할 수 없긴 마찬가지다. 그렇기 때문에 가장 좋은 조치는 그러한 경우 국가나 법원이 적극적으로 나서서 가장 좋은 방안을 찾아내는 것이겠지만, 아직 우리나라 복지행정이 거기까지는 못 미치고 있는 실정이다.

하여튼 현재 법원의 입장은 부모 모두가 자녀 양육을 거부하는 경우, 협의이혼절차에 따라 이혼할 수 없음을 물론이고, 소송이혼에서도 이혼심리 자체를 하지 않는 소극적인 방법으로 이에 대응하고 있다고 말할 수 있겠다.

이혼 전 별거 중 면접교섭을
청구할 수 있을까?

제목과 같이 부부가 별거하고 있는데 자녀를 사실적으로 양육하고 있는 배우자가 자녀를 보여달라는 상대방배우자의 면접교섭 요청을 묵살하는 경우 이혼하지 않고도 법원에 면접교섭을 신청할 수 있을까?

결론부터 말하자면, "할 수 있다."

법을 공부할 때는 결론만 알아서는 안 되고 반드시 그 이유와 원리 그리고 그 근거까지 정확하게 알아두어야 한다.

얼마 전에 30대 후반의 남성이 사무실에 내방하셔서 상담을 요청해 오신 적이 있다.

그분은 오늘 주제와 같은 문제로 고민 중이셨는데, 여러 전문가들을 만나 돌아다니면서 "부부가 별거 중이라면 이혼 전이더라도 법원에 면접교섭심판을 청구할 수 있느냐?"고 문의하였는데, 어떤 곳은 불가능하다고 하고, 또 어떤 곳은 가능하다고 한다. 그리고 가능하다고 답변하는 곳도 그 이유를 제대로 설명해 주지 못하고 그 근거 또한 제시하지 못하더라는 말씀을 하셨다.

가끔 이혼상담을 하다 보면 이런 부류의 분들이 계시는데, 사실 이혼전문변호사 입장에서는 좀 피곤한 스타일인 것만은 사실이다.

된다고 하면 그냥 되는가 보다 하고 사건을 의뢰하면 좋은데, 그 이유와 근거까지 꼭 알기를 원하시는 분들이 있다. 하지만 이런 분들이 우리 솔로몬의 진정한 고객인 것도 사실이다.

이러한 부류의 분들은 처음에는 좀 피곤해도 우리 솔로몬의 진정한 실력을 알아주시고 응원해주실 수 있는 분이시기 때문에 우리 솔로몬은 이런 부류의 고객을 반기는 편이다.

그래서 우리 솔로몬이 그분께 그 이유와 근거뿐만 아니라 그 유래까지 아래와 같이 자세히 설명해드렸다.

가사소송법 제2조에서는 가정법원에서 심리할 수 있는 심리 대상을 한정해서 열거하고 있기 때문에 근거 규정이 없으면 그 어떠한 경우에도 가정법원에 도움을 요청할 수 없는 구조인데, 면접교섭에 대해서는 이혼을 전제로 한 경우만을 명시적으로 규정하고 있을 뿐 이혼하지 않고 별거 중의 면접교섭에 대해서는 명시적인 규정이 없다.

그렇기 때문에 이혼을 전제로 하지 않고 단순히 별거 중이라면 자녀를 면접교섭할 필요성이 있다는 이유만 가지고는 가정법원에 면접교섭을 청구할 수 없다고 해야 함이 당연하다.

하지만 그 필요성이 워낙 크게 대두되다 보니 그 근거규정을 찾기 위해서 학계와 법원에서 모두 노력해오고 있었고, 그러한 취지에 맞게 가사사건에서 실제로 대법원 역할을 하는 서울가정법원에서 편찬한 "가사재판연구Ⅱ"에 소개된 최은주 판사님의 "면접교섭에 대한 약간의 고찰"이라는 제목의 논문을 보면, '부부간의 혼인관계가 해소되지 않은 경우, 그러한 경우이더라도 자의 양육은 부부생활의 본질적인 부분이므로, 부부간의 협조의무에 관한 사항으로 볼 수 있고, 그렇다면 가사소송법상의 부부의 동거·부양·협조의무와 관련된 사항을 가정법원의 심리대상으로 삼고 있는 가사소송법 규정에 해당한다고 해석해서 가정법원의 심리대상으로 삼을 수 있어야 한다.'는 내용이 나온다.

판례도 위 판사님의 논문내용과 같은 취지로 1994년에 이르러 비로소 '혼인 중의 부부가 이혼하지 않은 상태에서 별거하는 경우, 자녀를 양육하지 않는 부부 일방에게 부부간의 협조의무를 규정한 민법을 적용하여 이혼 전이더라도 가정법원에 면접교섭심판을 청구할 수 있다.'고 판시한 바 있다[서울가정법원 1994. 7. 20. 자 94브45 결정].

그래서 위와 같은 법 논리와 근거를 토대로 부부가 별거하고 있다면 이혼 전이더라도 자녀를 양육하고 있는 상대방배우자가 면접교섭을 시켜주지 않으면 법원에 면접교섭심판을 청구해서 자녀를 면접교섭할 수 있다고 설명해 드리면서 민법 규정과 가사소송법 규정 그리고 판례와 가사실무제요 책을 보여드렸더니, 이렇게 명쾌하게 설명해 주시는 분을 만나본 적이 없다면서 연신 감탄하시는 게 아닌가?

그래서 그분께서 의뢰하신 면접교섭심판청구사건을 신나게 진행했고, 그분이 원하시던 면접교섭을 할 수 있도록 해드린 적이 있다.

법은 이렇게 공부하는 것이고, 이혼소송 실무는 이렇게 진행하는 것이다.

같은 논리로 별거 중이라면 이혼 전이라 하더라도 일방은 타방에 대해서 양육자지정 및 양육비 또한 청구할 수 있다고 보아야 한다.

별거 시 과거양육비를 받을 수 있을까?

부부가 이혼 전이더라도 이미 별거하고 있다면, 미성년자녀에 대한 친권자를 정할 수는 없지만, 면접교섭은 물론 양육자를 정하고 양육비까지 청구할 수 있음은 앞서 살펴본 바와 같다.

그렇다면 양육비를 청구할 때 향후 양육비뿐만 아니라 과거양육비까지 청구할 수 있을까?

이에 대해서는 법률에 그 어떠한 규정이 없고, 학설도 없기 때문에 오로지 판례로부터 그 답을 찾을 수밖에 없는데, 판례는 '과거양육비를 청구할 수 있되, 소송상 또는 소송 외의 방법으로 양육자가 비양육자에게 양육비를 달라고 청구한 시점부터 실제로 양육비를 받게 되는 날까지의 기간 동안만 과거양육비를 청구할 수 있다.'라고 하고 있다.

따라서 이에 대한 법리는 부양료청구와 비슷하다.

즉 부양료의 경우도 과거부양료는 소송상 또는 소송외적인 방법으로 청구한 시점부터 실제로 부양료를 받게 되는 날까지만 청구할 수 있기 때문이다.

따라서 부부가 이혼하지는 않았지만 별거하고 있는 경우, 양육비를 가정법원에 청구할 수 있는데, 다만 과거양육비의 경우는 부양료청구와 마찬가지로, 별거시점부터 청구할 수 있는 것이 아니라 소송상 또는 소송외적으로 양육비를 달라고 청구한 시점부터 실제로 양육비를 받은 날 또는 받게 되는 날까지만 청구할 수 있다.

과거부양료를 받아내려면...

앞서 과거부양료에 대해서 간단하게 언급하였고 정리도 했지만, 이와 관련해서는 좀 더 자세히 알아볼 필요가 있다. 그래서 이번에는 과거부양료 청구와 관련된 문제에 대해서 다루어본다.

우리는 통상 이혼소송에서 별거기간 동안 지급받지 못했던 양육비 즉 과거양육비만을 청구해서 받아내곤 한다. 그렇다면 별거하는 기간 동안 지급받지 못했거나 동거하면서 지급받지 못했던 생활비를 청구해서 받아낼 수 있을까?

이 문제가 바로 과거양육비처럼 과거부양료도 청구해서 받아낼 수 있는가에 관한 문제이다.

우선 부양료청구의 법적근거를 살펴보자.

민법은 '부부는 동거하며 서로 부양하고 협조하여야 한다.' '부부의 공동생활에 필요한 비용은 당사자간에 특별한 약정이 없으면, 부부가 공동으로 부담한다.'라고 규정하고 있다. 이때 부부간의 부양·협조는 "부부가 서로 자기의 생활을 유지하는 것과 같은 수준으로 상대방의 생활을 유지시켜 주는 것을 의미"한다.

그리고 판례는 이들 법에 대해서 '이러한 부양·협조의무를 이행하여 자녀의 양육을 포함하는 공동생활로서의 혼인생활을 유지하기 위해서는 부부간에 생활비용의 분담이 필요한데, 이들 법규정 각각은 부부간의 부양·협조의무의 근거가 되는 조항 및 "부양·협조의무 이행의 구체적인 기준"을 제시하고 있는 조항'이라고 하고 있다.

그리고 가사소송법에서도 '민법에 따른 부부의 동거·부양·협조 또는 생활비용의 부담에 관한 처분'을 규정하여 심리사항으로 규정하고 있으므로, 생활비용청구가 곧 부양료청구인 셈이다.

그렇다면 부양료의 경우에도 과거양육비 청구가 가능한 것처럼 과거부양료의 청구가 가능할까?

좀 애매한 면이 있다.

그런 경우에는 항상 그에 대한 판례의 견해가 어떠한지 찾아볼 필요가 있는데, 대법원의 견해가 존재한다.

대법원은 '민법상의 부부간의 상호부양의무는 부부의 일방에게 부양받을 필요가 생겼을 때 당연히 발생되는 것이기는 하지만, 과거의 부양료에 관하여는 특별한 사정이 없는 한, 부양을 받을 자가 부양의무자에게 부양의무의 이행을 청구하였음에도 불구하고 부양의무자가 부양의무를 이행하지 아니함으로써 이행지체에 빠진 이후의 것에 대하여만 부양료의 지급을 청구할 수 있을 뿐, 부양의무자가 부양의무의 이행을 청구받기 이전의 부양료의 지급은 청구할 수 없다고 보는 것이 부양의무의 성질이나 형평의 관념에 합치된다.'고 하고 있다.

즉 과거 부양료는 과거양육비와는 다르게 "① 부양의무가가 이행지체에 빠진 이후의 것에 대해서만 청구할 수 있고, ② 부양의무자로 하여금 이행지체에 빠지게 하려면 부양받을 자가 부양의무자에게 부양의무 이행을 청구해야만 한다."는 것이다.

이러한 대법원의 판례에 대해서 여러분의 의견은 어떠하신가?

대법원의 견해가 타당하다고 생각되시는가?

대법원의 견해가 부당하다는 것이 우리 솔로몬의 공식적인 입장이다.

왜 그러한가?

이혼승소를 위한 이혼전문변호사들의 秘書

① 부양할 의무는 부양받을 필요가 생긴 때에 발생하는 것이고, 부양의무자는 부양받을 자의 그러한 사정을 잘 알기 마련이므로, 부양받을 필요가 생긴 때에 이행지체에 빠졌다고 할 것이지 특별히 그 청구를 받은 때에 비로소 이행지체에 빠진다고 볼 이유가 없으며, ② 판례와 같이 해석한다면, 부양료청구권이 그 보호에 있어서 충분치 못하다는 문제점이 발생하기 때문이다.

하지만 위 대법원의 견해는 2008년도부터 형성·유지되어 온 것으로, 대법원판례를 바꾸려면 전원합의체판결로써 변경해야 하는데 그리 쉬운 일은 아니다. 따라서 대법원까지 사건을 가지고 갈 의지가 없다면, 일단 기존의 대법원판례에 순응해서 대응하는 자세가 필요해 보인다.

하지만 우리 솔로몬은 위 대법원 판례를 언젠가는 변경해 보겠다는 의지를 가지고 있긴 하다.

단독양육보다는 공동양육이
자녀 발달에 더 유리하다

이번에는 실무의 태도와는 동떨어진 우리 솔로몬만의 이야기를 해보려고 한다.

2023년 11월 15일에 서울가정법원에서 면접교섭 불이행에 대한 대책을 논의하는 자리인 "서울가정법원 국제 콘퍼런스"가 개최됐었다.

그 자리에서는 여러 나라의 법조인이 참석해서 본국의 여러 제도를 소개했는데, 많은 내용들 중에서 면접교섭 불이행에 대한 근본적인 조치로는 공동양육제도를 십분 활용하는 것이라는 주장이 있었다.

단독양육보다는 공동양육이 자녀의 성장과 복지 측면에서 더 유리하다는 게 우리 솔로몬의 기본적인 입장인데, 그러한 우리 입장과 동일한 취지의 발언이어서 우리 솔로몬으로서는 매우 반가운 소식이었다.

발표자들 중에서 몇 분들의 발언이 그러했는데, 우선 미국 뉴올리언스시 가정법원 판사 '버나넷 드수자'는 '면접교섭 분쟁화 해결방안'과 관련하여 그 근본적인 해결방안은 양육자를 정할 때 단독양육보다는 공동양육으로 정하는 것이라는 것이었다.

그래서 뉴올리언스시가 속해 있는 '루이지애나'에서는 부모 이혼 시 공동양육이 원칙이고, 예외적인 경우에만 단독양육으로 정하도록 민법에 규정되어 있다고 한다.

참고로 루이지애나주는 미 남중부에 위치한 주인데, 해당 주의 공동양육제도를 요약해 보자면, 미국 루이지애나주 민법 제132조에서는 '① 부모가 이혼 시 양육권에 대해서 합의가 있었다면 그 합의가 아동의 복리에 반하지 않는 한 그 합의 내용에 따라 양육권을 수여하되, ② 합의가 없거나 합의가 아동의 복리에 부합하지 않는 경우, 법원은 부모에게 공동으로 양육권을 수여한다. 다만, 한쪽 부모가 양육권을 가지는 것이 아동의 복리에 부합한다는 점이 명확하고 설득력 있는 증거에 의해 입증되면, 법원은 그 일방에게 양육권을 수여한다.'고 규정하고 있다고 한다.

요약해 보자면, 부모의 합의가 없는 한 원칙적으로 공동양육, 예외적인 경우에만 단독양육을 허락한다는 것이다.

이처럼 뉴올리언스시 민법이 원칙적으로 공동양육으로 정하는 이유는 학술연구에 기반한 것인데, 학술연구에 의하면, '공동양육이 자녀의 ① 성적, ② 인지발달, ③ 신체건강, ④ 우울증 수준, ⑤ 불안 수준, ⑥ 공격성, ⑦ 약물남용 면에서 측정 가능한 수준으로 더 나은 결과를 보여주고 있다'는 것이다.

미국은 주마다 법이 다르긴 하지만, 우리 솔로몬이 파악한 바로는 루이지애나주뿐만 아니라 그 이외의 많은 주에서도 공동양육을 폭넓게 인정하고 있는 것으로 알고 있다.

그리고 싱가포르 가정법원 케네스 앱 판사도 미국 뉴올리언스시 가정법원 판사와 마찬가지로 공동양육의 필요성을 강조하였다.

즉, '일상문제야 일방이 돌봄과 관리를 담당하고, 다른 일방에게는 자녀에 대한 접근권 즉 면접교섭권을 보장하는 것으로 해결되지만, 자녀의 중요한 장기적 결정에 있어서는 공동양육이 자녀의 성장과 복지에 더 유리하다.'는 것이다.

'이혼 후 비양육친에게 아동에 대한 접근권 즉, 면접교섭권을 보장하는 것은 아동의 복지측면에서 매우 중요하며, 자녀가 부모가 이혼한 이후에도 부모 두 사람과 관계를 유지하는 것이 자녀에게 가장 좋지만, 문제는 큰 갈등으로 인해서 이혼한 경우에는 면접교섭이 잘 이루어지도록 항상 협력하지 않는 데 있다.'고 하면서, "아동의 궁극적인 복지를 위해서는 자녀의 접근권의 행사에 기꺼이 합리적으로 대응하고, 자녀를 상대방 부모와 공동으로 양육할 수 있는 이른바 부모 공동양육으로 나아가야 한다고 한다.'는 것이었다.

사실 이혼소송에서 ① 특별한 이혼사유가 없음에도 불구하고 원고는 '피고와는 절대 살 수 없다. 무슨 일이 있어도 이혼하겠다.'는 입장이고, 피고는 혼인관계를 회복하고 싶다는 입장을 고수하는 경우, 혹은 ② 미성년자녀를 서로 양육하겠다고 양측 모두가 목숨 걸고 싸우는 경우에 누구 손을 들어줄 것인지 정하는 문제는 굉장히 어려운 문제다.

이러한 경우에 우리나라 법원은 굳이 부모 중 일방을 단독양육자로 지정하고 있는데, 이는 추후 면접교섭 분쟁으로 이어지고 그 피해는 결국 자녀의 몫으로 돌아간다.

그래서 우리 솔로몬은 이러한 경우에 자녀의 성장과 복지측면에서 보나, 이혼 후 면접교섭이나 양육비에 분쟁을 미연에 방지하는 차원에서 보나 부모 일방을 단독양육자로 지정하기보다는 부모 모두를 공동양육자로 지정하면서 그 의무와 권리를 명확하게 정하는 게 바람직한 것이 아닌가 하는 입장을 오랫동안 견지해왔다.

예컨대, 월요일부터 금요일 저녁까지는 엄마가, 금요일 저녁부터 일요일 저녁까지는 아빠가 양육하는 방식 말이다.

특히나 이혼 후 부모 모두가 서로 멀지 않은 곳에 주거지를 정하는 조건이라면 단독양육자가 겪어야 하는 양육이나 육아 스트레스를 감소시킬 수 있다는 장점이 있다.

실제로 위 콘퍼런스 행사가 끝난 후, 참석했던 우리나라 판사님들도 입을 모아 "앞으로는 공동양육제도를 십분 더 활용해야겠다."라는 말씀을 하셨다고 한다.

이혼소송에서 지금은 어렵지 않게 된 '부부상담절차' 또한 최초로 시도한 것이 우리 솔로몬인데, 그 부부상담절차가 자리 잡기까지는 우리 솔로몬의 부단한 노력이 있었다.

불과 20년 전만 해도 법정에서 '부부상담절차'를 거쳐달라고 주장하면 '뜬금없는 소리' 취급을 받았었다. 그때 우리 솔로몬은 가정법원이 일반 민사법원과 별도로 편재된 것은 가사사건의 경우 법원의 후견적 기능이 필요하기 때문에, 혼인관계가 회복될 가능성이 있는 사건은 법원의 후견적 기능을 다하기 위해서 부부상담절차를 거쳐야 한다고 줄기차게 주장했고, 그 결과 지금은 통상적인 절차가 되었다.

공동양육문제도 그러하다.

사실 단독양육제도는 많은 문제점을 가지고 있는 제도인데, 가능한 단독양육보다는 공동양육으로 가야 자녀 입장에서도, 부모 입장에서도 여러 사회적인 순기능이 발휘될 것으로 우리 솔로몬은 보고 있다.

조부모에게도 손녀·손자를 면접교섭할 권리가 있을까?

'아이 할머니나 할아버지가 아이를 면접교섭시켜 달라고 하는데 보여줘야 하는 거냐?' '조부모에게도 손자손녀를 면접교섭할 권리가 있느냐?'는 질문을 받곤 한다.

일단 결론부터 말하자면, 가능하긴 하지만 예비적으로만 가능하다.

우선 자녀를 면접교섭할 권리를 가지는 사람은 일차적으로는 자녀의 부모 일방 즉 비양육친이다.

그러나 그 비양육친이 ① 사망하였거나 ② 질병, ③ 외국거주, ④ 그 밖에 불가피한 사정으로 자녀를 면접교섭할 수 없는 경우, 그 경우에만 그 직계존속도 손자손녀를 면접교섭할 권리를 가지는데, 그렇기 때문에 조부모는 2차적, 예비적으로만 면접교섭권을 가진다.

그렇다면 비양육친에게 위와 같이 불가피한 사정이 있어 조부모 등 그 직계존속이 손녀손자의 면접교섭을 요청하였음에도, 양육자가 이에 불응하는 경우에는 어떻게 해야 할까?

통상 면접교섭에 불응하는 경우에는 이행명령신청과 과태료부과신청을 통해서 강제할 수 있다고 알고 있겠지만, 이 경우에는 법원의 심판이 없기 때문에 우선 법원에 면접교섭심판을 청구해서 심판문을 득해야 그 다음에 이행명령신청과 과태료부과신청을 할 수 있다.

따라서 양육자가 면접교섭요청에 불응하는 경우에는 그 직계존속이 양육자를 상대로 가정법원에 면접교섭허가심판을 청구해야 한다.

법원은 조부모 등 직계존속의 면접교섭허가심판청구가 있으면, ① 양육자 부모 일방에게 사망, 질병, 외국거주 등 불가피한 사정이 있는지 여부를 심리한 후, ② 자녀의 의사, ③ 면접교섭을 청구한 사람과 자(孫)의 관계, ④ 청구 동기, ⑤ 그 밖의 여러 사정을 참작하여 그 조부모 등 직계존속에게 면접교섭할 권리를 부여할 것인지를 판단한다.

법원의 심리에 의해서 조부모 등 그 직계존속에게 면접교섭권을 허락하는 판결이 났음에도, 자녀의 양육자가 면접교섭에 불응하는 경우에는 일반 면접교섭권 불이행시 강제하는 방안과 같이 ① 법원에 이행명령신청을 해서 강제하고, ② 법원의 이행명령에도 불구하고 계속 불이행하면 과태료부과신청을 해서 1,000만 원 이하의 과태료가 부과되게 하며, ③ 그래도 불이행하면 이행명령신청과 과태료부과신청을 계속해서 반복하는 방법으로 강제하면 된다.

반면에 양육자의 입장에서는 비양육자에게 사망, 질병, 외국거주 등 불가피한 사정이 없음에도 불구하고 그 조부모 등 직계존속이 면접교섭 요청을 하는 경우에는, 이를 무시해도 된다. 이것이 합당한지는 일단 뒤로하고 최소한 법적으로는 그렇다는 말이다.

참고로 조부모 등 직계존속의 면접교섭권제도는 2016년 12월 2일 민법이 개정되면서 신설된 제도이다.

미성년자녀도 비양육친 부모를 상대로
면접교섭을 청구할 수 있을까?

면접교섭권은 통상 정의되길 "이혼 등에 의하여 미성년자녀에 대한 친권자나 양육자가 아닌 자가 그 자녀와 면접, 교통, 방문, 숙식, 서신교환, 통화 등을 할 수 있는 권리"라고 정의되는 바와 같이, 면접교섭권에서의 자녀는 주체가 아닌 객체로서만 인식되어져 있다.

하지만 결론적으로 말하자면, 2007년도 민법이 개정되면서 미성년자녀도 면접교섭권 주체의 지위를 가지게 되었다. 따라서 미성년자녀도 면접교섭을 하지 않는 비양육친인 부모를 상대로 적극적으로 면접교섭을 법원에 청구할 수 있다.

이를 자세히 설명하자면, 면접교섭권은 일찍이 미국, 프랑스, 독일, 영국과 같은 선진국에서 인정되던 권리인데, 우리 민법은 민법 제정 당시에 면접교섭권에 대한 규정을 두고 있지 않았다.

그러다가 1990년 1월 13일 민법을 개정하여 면접교섭권을 규정하기에 이르렀는데, 당시 규정내용을 보면 "자녀를 직접 양육하지 아니하는 부모 중 일방은 면접교섭권을 가진다."라고 규정함으로써, 면접교섭권의 주체는 오직 비양육자인 부모뿐이고 자녀는 오직 그 권리의 객체에 지나지 않았다.

그 뒤 미성년자녀의 인권의식이 신장되면서 2007년도 12월 21일 또다시 민법이 개정되면서, 면접교섭권에 대한 규정을 "자를 직접 양육하지 아니하는 부모의 일방과 자는 상호 면접교섭할 수 있는 권리를 가진다."라고 개정함으로써, 자녀에게도 면접교섭권을 인정하기에 이른다.

2007년 민법을 개정하면서 함께 공표된 개정이유에서도, 면접교섭권 내용을 개정하는 이유가 미성년자녀에게도 면접교섭권을 인정하기 위한 것이라는 취지가 명백히 나타나 있는데, 즉, 개정이유를 보면, 자녀의 면접교섭권 인정(민법 제837조의2 제1항)이라는 제하에,

⑴ 현행법은 부모에게만 면접교섭권을 인정하고 있어, 자녀는 면접교섭권의 객체로 인식되는 문제가 있음
⑵ 자녀에게도 면접교섭권을 인정함
⑶ 유엔아동권리협약상 "아동이익 최우선의 원칙"을 실현함과 아울러 아동의 권리가 강화될 것으로 기대됨
이라고 되어 있다.

혹자는 현재 규정이 미성년자녀의 면접교섭권을 적극적으로 인정한 내용이 아니라고 하는 이혼전문가님들이 있는 것으로 알고 있지만, 입법자의 의사를 고려하며 개정이유를 참작하는 것은 법 해석에 있어서 기초 중의 기초이다.

어떠한가?

개정이유를 보면, 입법자는 분명히 미성년자녀에게 면접교섭권을 적극적으로 인정하려는 취지가 아닌가 말이다.

이와 같이 민법에서 자녀에게도 면접교섭권을 인정한 지가 10년이 훨씬 넘었음에도 이혼전문가들조차 이를 아는 사람이 적다.

그래서 우리 솔로몬이 두 팔 걷어 붙여서 이혼법을 연구하고 이혼전문서들을 편찬해 내는 것이 아니던가?

이혼승소를 위한 이혼전문변호사들의 秘書

약혼 및 사실혼

약혼,사실혼과 관계된 법률문제는 전권인 『내가 이혼전문변호사다』에서 거의 모두 정리하였다.

따라서 본서에서는 전권에서 다루지 않았거나 다루었지만 통합적인 정리가 필요한 사항, 보충이 필요한 사항에 대해서만 간단하게 다루기로 한다.

약혼 후 파혼으로 인한 손해배상청구의 범위

약혼이라 함은 남녀가 장차 혼인할 것을 약속하는 것으로서, 반드시 약혼식과 같은 예식을 거행해야 효력이 있는 것이 아니고, 양가가 모인 자리에서 혹은 남녀 당사자가 개인적으로 약혼반지를 서로 주고받는 방법으로 또는 그저 구두만으로도 얼마든지 할 수 있고, 그들 방식에 따라 약혼의 효력에 차이가 있는 것은 아니다.

일단 남녀간에 장차 혼인하기로 하는 약혼을 했다면, 계약을 체결한 것과 마찬가지로 약혼이 성립되고, 일단 약혼이 성립되면 약혼당사자는 반드시 혼인을 해야 한다.

일반적인 계약에서 해제사유나 해지사유가 없는 한 계약당사자들은 계약의 구속력으로 말미암아 반드시 계약내용에 따라 이행해야 하고, 별다른 사유가 없음에도 그 이행을 하지 않으면 계약불이행으로 인한 손해배상책임을 져야 한다.

약혼에서도 마찬가지로 별다른 약혼해제사유가 없음에도 약혼당사자가 혼인하지 않으면, 약혼불이행에 의한 손해배상책임을 져야 한다.

그렇다면 약혼해제사유에는 어떤 것들이 있을까?

민법은 제804조에서 약혼해제사유로서 8가지를 규정하고 있다. 즉,

1. 약혼 후 자격정지 이상의 형을 선고받은 경우
2. 약혼 후 성년후견개시나 한정후견개시의 심판을 받은 경우
3. 성병, 불치의 정신병, 그 밖의 불치의 병질이 있는 경우
4. 약혼 후 다른 사람과 약혼이나 혼인을 한 경우
5. 약혼 후 다른 사람과 간음한 경우
6. 약혼 후 1년 이상 생사가 불명한 경우
7. 정당한 이유 없이 혼인을 거절하거나 그 시기를 늦추는 경우
8. 그 밖에 중대한 사유가 있는 경우
등이다.

여기에서 여덟 번째 사유인 "그 밖에 중대한 사유가 있는 경우"라 함은 앞에 예시적으로 열거한 나머지 7가지 사유에 필적할 만한 사유가 있는 경우를 말한다. 참고로 판례는 학력과 직장에서의 직종, 직급 등을 속인 것이 약혼 후에 밝혀진 사안에서, 이러한 사유는 약혼해제사유인 '기타 중대한 사유가 있는 때'에 해당한다고 판시한 바 있으므로, 해당 판례를 참조하여 "그 밖에 중대한 사유가 있는 경우"에

해당하는지 여부를 판단하면 되겠다.

또한 고의 과실에 의해서 약혼해제사유를 발생시킨 경우에도 손해배상책임을 져야 한다.

그렇다면 이때 어느 범위까지 손해배상을 청구할 수 있을까?

일단 정신적손해인 위자료를 청구할 수 있을 뿐만 아니라 물질적손해까지도 청구할 수 있으며, 여기서 물질적인 손해에는 '혼인준비에 소요된 모든 비용'을 말한다.

위자료는 통상 여러 사정을 감안해서 적게는 500만 원에서 많게는 5,000만 원까지 인정되는 추세이고, 혼인준비에 소요된 모든 비용이라 함은 예식장 예약 비용, 주택 마련 비용, 신혼여행 비용 등 혼인준비와 인과관계가 있는 일체의 비용을 말한다.

물질적 손해배상과는 별도로 예물이나 예단의 반환도 청구할 수 있는데, 이때 주의할 점은 파혼에 책임있는 약혼당사자는 그 반환을 청구할 수 없다는 것이 판례의 확고한 입장이다.

따라서 파혼에 책임 있는 약혼당사자는 상대방에 대해서 예물·예단의 반환을 요구할 권리는 없고 상대방에게 예물·예단을 반환할 의무만 있다.

또한 약혼 불이행이나 파혼으로 인한 손해배상청구소송을 수행해 보면 소송내에서 항상 다투어지는 사유가 ① 약혼한 사실이 있는지 여부, ② 정당한 이유 없이 혼인을 거절하거나 그 시기를 늦추는 등의 약혼해제사유가 있는지 여부, ③ 혼인준비에 들어간 비용내역 등이다.

따라서 파혼으로 인한 소송을 준비하고 있다면 반드시 약혼을 한 사실 및 약혼해제사유를 입증할 녹음자료나 카톡, 문자, 약혼예물에 대한 영수증과 같은 증거를 확보하고, 혼인준비를 위한 비용을 입증할 영수증이나 계약서 등을 잘 준비하는 게 필요하다.

이혼승소를 위한 이혼전문변호사들의 秘書

중혼적 사실혼도 법적보호를 받을 수 있는 예외적인 경우

혼인신고를 하지 않은 사실혼도 혼인신고를 전제로 인정되는 상속권이나 친생자추정과 같은 권리를 제외하고는 법률혼과 동일하게 보호를 받는다.

따라서 두 남녀의 사이가 사실혼관계에 해당한다면 부당파기자에 대해서 위자료를 청구할 수 있을 뿐만 아니라 재산분할도 청구할 수 있고 사실혼관계 파탄에 그 원인을 제공한 제3자에 대해서도 위자료를 청구할 수 있다.

사실혼은 두 남녀가 동거하고 있다는 점은 단순동거와 동일하지만 단순동거에는 없는 혼인의 의사가 있다는 점에서 단순동거와 다르다.

이때 혼인의 의사라는 것은 "부부로서 혼인생활을 영위한다는 의사"를 말하는 것으로서, 결혼을 전제로 동거한다든지, 약혼 후 결혼식전에 약혼관계로서 동거하는 약혼의 의사와는 다르고, 살아보고

맞으면 결혼할 의사로 동거한다든지 생활의 편의상 동거하는 단순동
거의사와도 다른 개념이다.

'혼인의 의사'를 단 한마디로 말하자면 연인이나 약혼관계가 아닌
'부부로서'라고 정의할 수 있겠다.

그리고 두 남녀의 사이가 사실혼에 해당하기 위해서는 주관적으로
는 위와 같은 혼인의 의사가 있어야 하지만, 객관적으로는 "부부로서
의 생활상의 실체"가 있어야 하는데, 이는 "부부로서 보호되어야 할
가치 있는 생활관계가 존재하는것"을 의미한다.

따라서 사실혼관계가 부부로서의 보호할 가치가 없는 근친혼에 해
당한다든가 중혼적사실혼에 해당하는 경우에는 법적으로 보호받는
사실혼이 아니다.

근친혼적 사실혼이 부부로서의 보호할 가치가 없는 이유는 민법이
친양자입양 전의 혈족을 포함한 8촌 이내의 혈족 사이의 혼인을 금지
하면서 이에 위반한 혼인은 무효하고 규정하고 있기 때문이고, 중혼
적 사실혼이 부부로서의 보호할 가치가 없는 이유도 민법이 중혼을
인정하고 있지 않기 때문이다.

이처럼 중혼적 사실혼은 실질적으로 민법이 금지하고 있는 중혼에
해당하기 때문에 법률적 보호대상이 되지 않지만, 혼인관계가 사실상

이혼상태인 경우에는 예외적으로 사실혼으로서 보호받을 수 있다.

즉, 판례는 "사실혼이란 당사자 사이에 주관적으로는 혼인의 의사가 있고, 객관적으로도 사회관념상 가족질서면에서 부부공동생활을 인정할 만한 혼인생활의 실체가 있는 경우라야 하고, 법률상 혼인을 한 부부가 별거하고 있는 상태에서 그 다른 한쪽이 제3자와 혼인의 의사로 실질적인 부부생활을 하고 있다고 하더라도 특별한 사정이 없는 한 이를 사실혼으로 인정하여 법률혼에 준하는 보호를 할 수는 없는 것이다."라고 판시하면서,

"이러한 법리는 자동차종합보험의 부부운전자한정운전 특별약관에서 규정하는 '사실혼관계에 있는 배우자'의 해석에도 적용되고, 이 경우 특별한 사정이 있다는 사실은 이를 주장하는 보험계약자에게 입증책임이 있다고 할 것이다."라고 판시하고 있다.

그리고 대법원은 "비록 중혼적 사실혼관계일지라도 법률혼관계가 사실상 이혼상태에 있다는 등의 특별한 사정이 있다면 중혼적 사실혼이라 하더라도 법률혼에 준하는 보호를 할 필요가 있을 수 있다."고 판시하기도 한다.

자신의 혼인관계가 중혼적 사실혼에 해당한다면, 염두에 두어야 할 판례들이다.

사실혼의 상속문제

사실혼배우자에게 재산상속이 가능하냐는 질문을 받곤 하는데, 결론부터 말하자면, '사실혼배우자에게는 상속권이 인정되지 않는다.'

법과 판례의 확고한 입장이다.

따라서 사실혼배우자가 사망하더라도 그 사망한 배우자명의의 재산을 상속받을 수 없고, 자녀가 있다면 그 자녀가 상속받을 것이고, 자녀가 없다면 사망한 배우자의 부모나 형제자매 등이 상속받게 된다.

다만, 연금법이나 보험관계법령에서는 사실혼배우자를 법률상의 배우자와 같이 취급하고 있는데, 구체적으로는, ① 근로기준법 시행령 제8조는 유족보상의 순위를 정하면서 근로자의 배우자에 '사실혼관계에 있던 자'를 포함하고 있고, ② 공무원연금법이나 군인연금법, 사립학교교직원연금법, 선원법 시행령, 산업재해 보상보험법 등도 유족인 배우자의 범위에 '사실상 혼인관계에 있던 자'를 포함시키고 있으며, ③ 주택임대차보호법 제9조에도 임차인의 사망 시 '사실상의 혼인관계에 있던 자'에게 임차권의 승계와 관련하여 일정한 보호를 하고 있다.

그리고 사실혼 상속문제와 관련하여 또 한 가지 유념할 점이 있다.

즉, 사실혼 배우자가 사망했을 때 그의 재산을 상속받을 수도 없지만, 재산분할도 청구하지 못한다.

재산분할은 배우자가 살아있을 때만 청구할 수 있고, 사망한 후에는 청구할 수 없다는 것이 확고한 판례의 입장이기 때문이다.

따라서 부부로서 십수 년을 살아왔는데, 상속도 못 받고 재산분할도 청구하지 못하게 되는 정말 억울한 상황이 발생할 수 있다.

십수 년 동안 부부로서 살면서 마지막에는 병수발까지 다 했는데, 사실혼배우자 사망 후에 그 재산 모두가 다른 사람들에게 상속되고 재산분할마저 청구할 수 없게 되어 빈털터리로 집에서 쫓겨나는 케이스를 너무 많이 봐왔다.

따라서 사실혼관계에 있는 사람은 그 사실혼배우자가 사망하기 전에 사실혼을 파기하고 재산분할을 청구하든가 아니면 사실혼 배우자가 사망하기 전에 혼인신고를 해 두든가 하는 조치가 필요할 수 있다.

우리 솔로몬으로서는 법개정이 필요하다는 입장이지만, 법개정 전 까지는 가벼이 듣지 말고 유념해 둘 점이다.

이혼승소를 위한 이혼전문변호사들의 秘書

혼인의 취소 및 무효

혼인관계가 해소되는 원인은 이혼뿐만 아니라 혼인취소, 혼인무효도 있다.

혼인취소나 무효는 이혼과는 달리 반드시 취소사유나 무효사유가 있어야 하고 뿐만 아니라 소송을 통해서 법원의 판단을 받아야 한다.

혼인무효와 취소관련 전권인 『내가 이혼전문변호사다』의 내용을 조금 보충한다.

불임 사실을 결혼 후에 알게 되었다면 혼인취소사유에 해당할까?

제목과 같이, 만약에 배우자가 불임인 사실을 결혼 후에 알게 되었다면...

게다가 종갓집의 장손이며 그 장손은 결혼 전부터 친자 보는 것을 매우 중요시 여기는 사람이었다면...

그러한 경우에 그 증손이 혼인취소를 구하는 소송을 제기한다면, 여러분은 어떤 판단을 하시겠는가???

다행히도 이와 관련해서 참고할 만한 대법원 판결이 2015년에 선고된 적이 있는데, 이 사건에서는 혼인취소를 청구한 사람이 남편이 아닌 아내였다.

사건의 내용을 간략하게 소개해 보자면,

아내는 2011년 1월 중매로 전문직 남편을 만나 결혼하게 되었는데, 남편은 신혼생활 중에 아내와의 성관계를 꺼렸고, 한 달에 2~3회 정도 드물게 이루어지는 잠자리마저 제대로 되지 않았다.

결혼 직후부터 아이를 갖길 원했던 아내는 같은 해 9월 남편으로 하여금 불임검사를 받게 하였는데, 그 결과는 남편이 무정자증에 선천적 성염색체 이상이어서 임신이 불가능하다는 것이었다.

참고로 혼인취소사유를 규정하고 있는 민법 816조 제2호에서는 "혼인 당시 당사자 일방에 부부생활을 계속할 수 없는 악질 기타 중대 사유를 알지 못한 때"를 혼인취소사유로 규정하고 있는데, 아내는 이 규정을 근거로 해서 법원에 혼인취소를 구하는 소송을 제기했다.

이에 대해서 1, 2심 법원은 다음과 같은 이유로 아내의 손을 들어주었다.

즉, ① 남편이 아내에 대한 관계에서 일반적인 부부 사이에 필요한 최소한의 성기능이 가능하다고 보기 어렵고, ② 남편에게는 위 성기능 장애와 함께 선천적인 성염색체 이상과 무정자증이 있는 점, ③ 전문직 종사자 중매의 경우 2세에 대한 기대를 중요한 선택요소로 고려하는 점, ④ 남편의 상태가 향후 개선될 수 있다고 볼 자료가 부족한 점 등을 이유로 아내의 혼인취소를 구하는 청구를 인용했다.

그런데 대법원은 판단을 달리해서 아내의 청구를 받아주지 않았는데, 즉,

① 혼인의 본질은 양성 간의 애정과 신뢰에 바탕을 둔 인격적 결합에 있다고 할 것이고,

② 특별한 사정이 없는 한 임신가능여부는 민법 제816조 제2호의 부부생활을 계속할 수 없는 악질 기타 중대한 사유에 해당한다고 볼 수 없으며,

③ 나아가 해당 혼인취소사유를 엄격히 제한적으로 해석함으로써 그 인정에 신중을 기해야 하는 점,

④ 남편도 2011년 불임검사 이후 자신의 무정자증과 성염색체 이상을 알게 된 점,

⑤ 남편이 정액검사를 받는 과정에서 성기능에 이상 없음이 확인된 점,

⑥ 남편이 유독 아내와의 관계에서 성기능에 문제가 있었다 하더라도, 이를 혼인을 취소할 정도의 사유라고 볼 수 없고, 향후 약물치료나 전문가의 도움 등으로 개선이 가능하다는 점

등을 들어 남편의 손을 들어주었다.

이 판결로써 한 가지 분명해진 것은 전원합의체 판결로서 위 판결이 변경되기까지는 불임만의 사유는 혼인취소사유가 되지 않는다는 사실이다.

참으로 애석한 일은 위 판결이 선고되자마자 이혼전문가들과 학자들이 너도나도 판례평석을 하면서 "불임은 혼인취소사유가 되지 않는다."라는 단편적인 글만 쓰고 있다는 점이다.

하지만, 그렇게 단정할 일은 아니다.

위 대법원 판결을 잘 읽어보면, "혼인의 본질은 양성 간의 애정과 신뢰에 바탕을 둔 인격적 결합에 있다고 할 것이고, 특별한 사정이 없는 한 임신가능여부는 민법 제816조 제2호의 부부생활을 계속할 수 없는 악질 기타 중대한 사유에 해당한다고 볼 수 없다."고 했을 뿐이다.

따라서 특별한 사정이 있거나 불임사유와 더불어 다른 사실이 더해진다면 얼마든지 불임의 사유로 혼인취소사유가 될 수 있는 것이다.

이혼소송이든 혼인취소소송이든 가사소송은 다른 소송보다 훨씬 더 답이 없는 소송이다. 답이 정해진 것이 아니라 답을 찾아가는 소송이라는 이야기이다.

이 소송에서도 아쉬운 점은 아내의 소송대리인이 예비적으로 이혼청구를 했으면 어떨까 싶다.

왜냐하면 재판상이혼사유로서의 여섯 번째 사유인 "기타 혼인을 계속하기 어려운 중대한 사유가 있는 때"에 해당할 수도 있기 때문이다. 이 여섯 번째 이혼사유는 혼인취소사유로서의 "혼인 당시 당사자 일방에 부부생활을 계속할 수 없는 악질 기타 중대사유를 알지 못한 때"보다 그 해석을 넓게 하고 있기 때문이다.

국내취업목적으로 외국인과 혼인신고했다면 형사처벌될 수 있다

외국인이 국내 취업 목적으로 내국인과 혼인신고 하거나 대한민국 국민이 예컨대 미국 영주권 취득을 위해서 미국 시민권자나 영주권자와 혼인신고를 한 경우에 혼인무효가 문제된다.

혼인이라는 것은 남녀 당사자간에 진정한 혼인의 합의가 있어야 하는데, 이때 '당사자간 혼인의 합의가 있다'는 말은 '당사자 사이에 사회관념상 부부라고 인정되는 정신적·육체적 결합을 생기게 할 의사의 합치가 있는 경우'를 의미한다.

따라서 당사자 일방 또는 쌍방에게 사회관념상 부부로서 정신적·육체적 결합을 할 혼인의 의사가 없었던 경우에는 혼인 자체가 성립할 수 없다.

그래서 우리 민법은 '당사자간에 혼인의 합의가 없는 혼인은 무효로 한다'고 규정하고 있는데, 혼인이 무효로 된 때에는 혼인시로 소급해

이혼승소를 위한 이혼전문변호사들의 秘書

서 처음부터 혼인관계가 성립하지 않았던 것으로 되므로, 슬하에 자녀가 있다면 그 자녀는 혼외자가 된다.

그리고 국내 취업목적으로 외국인이 내국인과 혼인신고한 때에는 그 혼인신고는 허위의 신고이므로 '공정증서원본 부실기재죄 및 동행사죄'가 성립되어 형사처벌대상이 될 뿐만 아니라 국내에 취업하고 있는 외국인은 불법체류자가 되어 추방된다.

이는 대한민국 국민이 미국 등 외국에 취업하기 위해서 해당 국가의 시민권자나 영주권자와 허위의 혼인신고한 경우에도 똑같이 적용된다.

취업목적 허위의 혼인신고가 빈번하다 보니 점차 이에 대한 처벌을 강화하고 있고, 또 그러다 보니 법망을 피하기 위해서 형식적으로나마 외국인이 국내에 입국한 후 몇 달간 함께 살기도 하는데, 법원은 이에 대해서 '설령 외국인이 한국에 입국한 후 한 달 동안 내국인과 계속 혼인생활을 해왔다고 하더라도 이는 외국인이 진정한 혼인의사 없이 취업목적 달성을 위하여 일시적으로 혼인생활의 외관을 만들어 낸 것이라고 보일 뿐이므로, 혼인의사의 합치가 없어 그 혼인은 무효'라고 판시하고 있다.

마찬가지로 내국인이 외국인과 혼인하는 경우 통상 외국에서 결혼식과 같은 의식을 치른 후에 국내에 혼인신고를 하는 경우가 많은데,

법원 실무의 태도는 그러한 결혼식과 같은 일정한 의식을 치른 사실은 당사자간에 혼인의 의사가 있었다고 추단할 수 있기는 하나 결혼식과 같은 의식을 거행한 사실만 가지고 혼인의 의사가 있었다고 단정하지는 않고 있다.

그리고 대법원은 당사자의 주된 목적이 취업에 있는 경우에는 일단 혼인할 의사가 있었다고 하더라도 당사자간에 혼인의 의사가 없는 경우로 보아 무효라고 판시하고 있다.

즉, '당사자 사이에 비록 법률상의 부부라는 신분관계를 설정할 의사는 있었다고 인정되는 경우라도, 그것이 단지 다른 목적을 달성하기 위한 방편에 불과한 것으로서 그들간에 참다운 부부관계의 설정을 바라는 효과의사가 없을 때에는 그 혼인은 민법 제815조 제1호의 규정에 따라 그 효력이 없다고 해석하여야 한다'라고 판시하고 있다.

따라서 당사자들간에 혼인관계를 설정할 의사가 있었다고 하더라도 그 혼인관계설정이 단지 취업과 같은 다른 목적을 달성하기 위한 방편에 불과한 경우에는 여전히 그 혼인은 혼인무효사유에 해당한다.

그리고 개중에는 취업목적으로 혼인신고를 원하는 외국인으로부터 돈을 받고 혼인신고를 해준 내국인이 추후 마음이 바뀌어 '혼인의사 없이 외국인의 취업목적을 달성해 주기 위해서 혼인신고를 한 것일 뿐'이라면서 혼인무효소송을 제기하는 경우가 있는데, 이 경우 법

이혼승소를 위한 이혼전문변호사들의 秘書

원 실무의 태도는 일단 '외국인과 내국인 모두 공정증거원본 부실기재죄 및 동행사죄'로 형사처벌을 받았다는 전제하에 혼인무효판결을 선고하고 있다.

왜냐하면, 실제로는 혼인의사를 가지고 외국인과 혼인하였다가 추후 그 외국인 배우자와 이혼을 하려고 하는데, 이혼하게 되면 혼인관계증명서에 혼인한 경력과 이혼한 경력이 모두 등재되기 때문에, 이를 회피할 목적으로, 이혼하는 대신 허위로 혼인무효의 소를 제기하는 경우가 있기 때문에 이를 방지하기 위함이다.

이혼승소를 위한

이혼전문변호사들의 秘書

이혼 취소 및 무효

혼인관계가 해소되는 원인에 이혼뿐만 아니라 혼인취소 및 혼인무효가 있듯이 이혼 자체를 취소하거나 무효로 하는 절차가 있다.

사기나 강박에 의해서 이혼했거나 이혼의사 없이 이혼한 경우에 문제되는데 이와 관련된 문제를 설명해본다.

사기 강박에 의한 이혼

혼인함에 있어 혼인취소사유가 존재하는 경우에는 혼인취소소송을 제기하여 혼인을 취소할 수 있는 것과 마찬가지로, 이혼함에 있어도 이혼취소사유가 존재하는 경우에는 이혼취소소송을 제기하여 이혼을 취소시킬 수 있다.

민법에 혼인취소사유를 규정하는 것과 마찬가지로 이혼취소사유를 규정하고 있는데, 민법은 "사기 또는 강박으로 인하여 이혼의 의사표시를 한 자는 그 취소를 가정법원에 청구할 수 있다."고 규정하면서, 이혼취소소송은 "사기를 안 날 또는 강박을 면한 날로부터 3월 내"에 제기하도록 하고 있다.

여기서 사기로 인한 이혼이라 함은 "이혼의사를 결정시킬 목적으로 이혼당사자의 일방 또는 쌍방에게 허위의 사실을 고지함으로써 이들을 착오에 빠트려 이혼의사를 결정하도록 하는 것"을 말하는데, 사기자는 이혼의 상대방일 수도 있고 제3자(시부모나 장인, 장모, 상간자 등)일 수도 있다.

사기로 인하여 이혼을 취소하기 위해서는 사기로 인하여 생긴 착오가 일반적으로 사회생활의 관계에 비추어 볼 때 당사자가 사실을 알았더라면 이혼을 하지 않았을 것이라고 인정되는 경우에 해당하여야 한다.

또한 강박으로 인한 이혼이라 함은 "이혼의사를 결정시킬 목적으로 이혼당사자의 일방 또는 쌍방에게 해악을 고지하여 공포심을 가지게 함으로써 이혼의사를 결정하도록 하는 것"을 말하며, 사기와 마찬가지로, 강박자는 이혼의 상대방일 수도 있으며 제3자일 수도 있다.

판례는 "아내가 혼인을 계속할 의사가 없으면서도, 아파트를 자신에게 증여하고 협의이혼의사확인을 받으면 남편의 태도 변화를 지켜보아 마치 혼인생활을 계속할 것처럼 남편을 기망하고, 이에 속은 남편으로 하여금 아내와 혼인을 계속할 목적으로 협의이혼의사확인을 받게 한 다음 남편 몰래 이혼신고를 함으로써 협의이혼에 이르게 된 사안"에서 "이는 남편이 아내의 기망에 속아 이혼의 의사표시를 한때에 해당하므로 이혼취소사유에 해당한다."고 판시한 바 있다.

또한 대법원은 "피고가 외국 이민을 떠났다가 3년 후에 다시 귀국하여 다시 혼인신고를 하여 주겠다는 말을 믿고 원고가 이에 응하여 협의이혼을 해 준 사안"에서 "그러한 경우라면, 별다른 사정이 없는

이혼승소를 위한 이혼전문변호사들의 秘書

한, 당사자간에 일시적으로나마 법률상의 부부관계를 해소할 의사가 있었고, 따라서 그 이혼신고는 유효하며, 이혼의 효력발생 여부에 관한 형식주의 아래에서의 이혼신고의 법률상 중대성에 비추어 보면 원고가 주장하는 사유는 이혼취소사유에 해당하지 않는다."라고 판시하였다.

사실 혼인취소에 대한 판결은 많이 존재함에 반해 이혼취소에 대한 판결은 그리 많지 않아 문제되는 각종 사안에 대한 법원의 태도를 정확하게 파악하기는 아직 어려운 실정이다.

실무에서 가장 문제되는 것은 "다른 이성과 이미 딴 살림을 차렸거나 결혼을 약속한 상간자가 있었음에도 이를 속이고 이혼한 경우" 또는 "사업이 잘되어 돈을 잘 벌고 있음에도 이를 속이고 이혼한 경우" "재산이 많음에도 불구하고 이러한 사실을 숨기고 이혼한 경우" 등이 문제될 수 있다.

앞으로 다양한 사례에 대한 이혼취소판례를 기다려 본다.

이혼이 무효로 되는 경우

혼인에 무효사유가 있는 경우에는 혼인 후 혼인무효확인을 구하는 소를 제기할 수 있는 것과 마찬가지로, 이혼에 무효사유가 있는 경우에는 이혼무효 확인을 구하는 소를 제기할 수 있다.

이혼을 무효로 할 수 있는 사유로는 ① 이혼당사자 간에 이혼의 합의가 없는 경우이거나 ② 이혼신고가 부적합한 경우, ③ 피성년후견인이 적법한 대리인의 동의 없이 이혼한 경우 등이 있다.

여기서 이혼무효는 통상은 협의이혼의 무효만을 의미한다. 왜냐하면, 재판상이혼의 경우에는 이혼판결로 이루어진 이혼이므로 무효가 될 수 없고, 이혼판결은 상소나 재심으로만 다툴 수 있기 때문이다. 하지만 재판상이혼의 경우에도 판결의 편취에 해당하는 경우에는 이혼무효사유가 된다.

이혼무효에 관한 이해를 돕기 위해서 판례 몇 개를 소개해 보자면,

"혼인하여 처갓집에 들어가 농사일에 종사하던 중 장인, 장모와 불화하여 장인이 집을 나갈 것을 요구하자 사위의 신분으로는 그동안의 농사일을 한 것에 대한 노임을 청구할 수 없는 것으로 오인하고, 노임청구를 하기 위한 방편으로 처와 합의하여 1981년 1월 16일 협의이혼을 하였고, 이혼한 이후에도 계속적으로 부부관계를 유지한 사안"에서,

남편은 "협의이혼신고는 혼인생활을 실질적으로 폐기하려는 의사가 없었고, 단지 장인, 장모를 상대로 노임을 청구하기 위한 방편으로 일시적으로 이혼신고를 하기로 하고 처와 합의한 것에 불과하므로 협의이혼신고는 무효"라고 주장하였고,

이에 대해서 법원은 "이혼의 효력발생 여부에 관한 형식주의 아래에서의 이혼신고의 법률상 중대성에 비추어, 협의이혼에 있어서의 이혼의 의사는 법률상의 부부관계를 해소하려는 의사를 말한다 할 것이므로, 일시적으로나마 그 법률상의 부부관계를 해소하려는 이혼당사자간의 합의하에 협의이혼신고가 된 이상, 그 협의이혼은 다른 목적이 있었다 하더라도 양자 간의 이혼의 의사가 없다고는 말할 수 없고 따라서 그 협의이혼은 무효로 되지 않는다."고 판시하였다.

또한 "부부가 협의이혼의사를 확인받은 후 일방 당사자가 협의이혼의 사철회신고서를 관공서에 제출하였음에도 불구하고, 호적공무원이 착오로 다른 일방의 이혼신고서를 수리하여 협의이혼이 된 사안"에서,

법원은 "부부가 이혼하기로 협의하고 가정법원의 협의이혼의사확인을 받았다고 하더라도, 호적법에 정한 바에 의하여 신고함으로써 협의이혼의 효력이 생기기 전에는 부부의 일방이 언제든지 협의이혼의사를 철회할 수 있는 것이어서, 협의이혼신고서가 수리되기 전에 협의이혼의사의 철회신고서가 제출되면 협의이혼신고서는 수리할 수 없는 것이므로, 설사 호적공무원이 착오로 협의이혼의사 철회신고서가 제출된 사실을 간과한 나머지 그 후에 제출된 협의이혼신고서를 수리하였다고 하더라도 그 협의이혼은 무효이다."라고 판시하였다.

또한 우리나라 국민인 갑과 을이 혼인한 후 갑이 취업차 미국에 가서 을을 상대로 미국법원에 이혼소송을 제기하면서 이러한 사정을 전혀 모르는 을이 마치 미국인 변호사를 선임하여 응소한 것처럼 조작하여 을의 소환이나 출석 없이 소송을 진행한 결과 이혼판결이 확정되어 호적에 기재된 사안에서, 법원은 "그러한 이혼판결은 이른바 판결의 편취로서 우리나라에서는 효력이 없고, 따라서 갑과 을 사이의 이혼은 무효"라고 판시한 바 있다.

그리고 남편과 아내가 미국 뉴욕주에서 자녀와 함께 거주하다가, 남편이 처와 함께 거주하는 뉴욕주가 아니라 전혀 연관성이 없는 네바다주에서 이혼소송을 제기하였고, 소장을 제3자에게 송달시키는 방법으로 이혼판결을 받은 후, 그 이혼판결에 기하여 국내에서 이혼신고를 한 사안에서,

이혼승소를 위한 이혼전문변호사들의 秘書

법원은 "남편이 처와 함께 거주하였던 뉴욕주가 아닌 전혀 연관성이 없는 네바다주에서 이혼소송을 제기하였고, 을이 이혼소장 부본을 송달받았다고 볼 객관적인 정황이 전혀 나타나지 아니하여 적법한 송달을 받았다고 보기 어려운 점 등에 비추어 그 이혼판결을 근거로 남편이 대한민국에서 신고한 이혼은 무효이다."라고 판시하였다.

이혼무효의 확인을 구하는 소송은, 확인의 이익이 있는 한, 기간의 제한 없이 제기할 수 있으며, 이혼당사자 또는 그의 법정대리인, 4촌 이내의 친족이 그 상대방 이혼당사자나 이혼당사자 쌍방, 검사를 상대로 청구하여야 한다.

이혼당사자가 한정후견개시심판이나 성년후견개시심판을 받은 경우, 그의 후견인이 법정대리인이 되는 것이 원칙이나, 다만 소송의 상대방이 되어야 할 배우자가 원고의 후견인이 되는 것은 이해상반행위가 되므로 대리할 수 없고, 이 경우에는 가정법원이 직권 또는 피성년후견인, 친족, 이해관계인 등의 청구에 의하여 선임한 후견인이 대리인이 된다.

그리고 법정대리인은 그 자신의 이름으로 또는 당사자의 대리인의 자격으로 혼인무효소송을 수행할 수 있다.

그리고 이혼무효의 소는 형성의 소가 아닌 확인의 소이므로(법원실무제요 가사 Ⅰ 515쪽), 판결의 확정과 동시에 이혼무효의 효력이 발생하는 것이 아니고, 판결을 가지고 관공서에 신고하여 수리됨으로 인하여 효력이 발생한다.

이혼승소를 위한 이혼전문변호사들의 秘書

IX

실제사례

같은 이혼소송이라도 이 세상에 똑같은 소송은 단 한 건도 없다.

소송을 단 한 번만이라도 수행해 본 경험이 있다면 그 누구나 공감할 수 있겠지만, 소송을 수행하다 보면 언제나 예상치 못한 난관에 봉착하게 되고 일반적인 법리나 판례로는 해결하기 어려운 문제점에 부딪히게 된다.

그래서 이혼소송에서 승소하기 위해서는 법리와 판례를 잘 아는 것도 중요하지만, 일단 소송을 어떻게 수행해 나가야 할지에 대한 큰 그림을 그릴 수 있어야 하고, 그 다음으로는 큰 그림을 그려 나가는 과정에서 봉착하게 되는 난관을 잘 극복해 나갈 수 있어야 한다.

난관과 어려움을 지혜롭고 슬기롭게 극복해 나갈 때 필요한 것이 바로 많은 경험과 노하우 그리고 지구력과 승부욕이다.

산전수전 다 겪어 본 사람은 난관에 봉착했을 때 당황하지 않고 잘 대처해 나갈 수 있지만 경험과 노하우가 적은 사람은 그것이 난관인지조차도 인식하지 못하고 그저 불가항력이라고 자위하면서 포기하고 만다.

경험이 없다면 지구력과 승부욕이라도 있으면 그나마 다행이다. 지구력과 승부욕이라도 있으면 어려운 난관에 봉착하더라도 이를 헤쳐 나가기 위해서 좌충우돌 동분서주하면서 그 해결책을 찾아내겠지만 지구력과 승부욕도 없다면 쉽게 지치고 결국 포기하게 된다. 그리고 적당히 판결을 받으려고 한다. 그래서 소송이 어떻게 수행되는지를 조금이라도 알고 시작하는 것이 필요하다.

이 책을 읽는 독자분들이 이혼소송을 진행하는 데 있어 조금이나마 도움이 되었으면 하는 바람으로 전권에 이어 본서에서도 몇 개의 실제사례를 소개해 본다.

이혼승소를 위한 이혼전문변호사들의 秘書

제 남편은 외도할 리 절대 없어요ㅜㅜ 하지만...

배우자의 외도에 대해서 법적으로 인정되는 재산분할과 위자료 액수의 한계를 말도 안 되게 초월해서 받아내는 이른바 일명 '후려치기' 방법으로 사건을 해결한 사례이다.

종결된 지 꽤 된 사건이지만 너무 통쾌하게 해결했던 사건인지라 소개를 안 할래야 안 할 수가 없는 사건이다.

사건 내용은 이렇다.

사무실에 40대가 되시는 여성 변호사분이 내방하셨다.

그분은 국내 굴지의 대기업 사내변호사로 재직하고 있는 분이셨는데, 차마 눈을 마주치지 못할 정도로 아름다운 외모에 청순한 소녀를 연상케 하는 매혹적인 목소리까지 가지신 분이셨다.

그 여성분은 근래 들어 이유 없이 남편이 자꾸 이혼을 요구해와서 교보문고에 들러 이혼관련서적을 둘러보다 우리 솔로몬이 출간한 『내가 이혼전문변호사다』라는 책을 읽고 믿음이 가서 내방하게 되었다는 것이었다.

그러면서 들려주신 사연은 이러했다.

대학교 법학과 2학년 때 군 복무를 마치고 같은 학년에 복학한 남편을 사귀기 시작하였는데, 그 후 CC로 지내면서 함께 공부했고 그 결과 운이 좋게도 두 분이 함께 사법고시를 합격했다. 그래서 사법연수를 마친 직후 결혼해서 남편도 변호사로서 국내 굴지의 대기업 임원으로 재직하고 있고, 남편은 특이하게도 글재주까지 있어 에세이집을 10여 권이나 출간했을 정도로 작가로서도 왕성하게 활동하고 있다. 그런데 남편이 요즘 들어 글이 잘 안 써진다는 이유를 대며 강력하게 이혼을 요구한다는 것이었다.

그래서 몇 가지 이것저것 추가로 여쭈어 보았더니, 우리 솔로몬으로서는 남편이 이혼을 요구하는 이유를 곧바로 진단할 수 있었다.

즉, '남편의 외도'

그래서 우리 솔로몬이 "남편에게 다른 여성이 있을 가능성이 매우 크다."라고 말씀드렸더니, 그 여성 변호사님은 "그럴 리 절대 없다. 남편은 대학 2학년 때부터 오직 나만을 바라보고 나만을 사랑해왔다."
면서 우리 말을 절대 믿으려 하지 않았다.

우리 솔로몬은 20년 넘게 이혼만 연구하고 이혼소송만 수행해오면
서 내담자의 말만 들어도 배우자의 외도 정도는 바로 직감해낼 수 있
는 감각이 생겨 버렸는데, 우리가 상담 중에 배우자 외도가 의심된다
고 말씀드리면 대부분의 사람들이 반응하는 태도와 정확히 일치했
다.

그래서 우리 솔로몬은 "우리가 배우자의 외도를 의심해서 확인한
결과 우리 예상이 틀린 적이 단 한 번도 없었다. 변호사님의 경우에는
예외일 수도 있겠지만 경험상 외도의 확률이 높으니 확인 정도는 해
보는 게 좋지 않겠느냐?"고 말씀드렸더니, 그 여성 변호사님은 "그럴
리가 없다"면서 계속해서 남편의 외도사실을 인정하려 들지 않았다.

그래서 하는 수 없이 일단 남편의 외도가 아닌 것을 전제로 상담해
드리면서 상담 중간중간 몇 차례 남편의 외도사실확인의 필요성과 우
리 솔로몬만이 가능한 이른바 후려치기를 통해서 일반 이혼소송에서
는 할 수 없는 결과를 도출해낼 수 있는 방법이 있다는 말씀을 드렸
다.

내담자가 살아오신 아름다운 삶의 항적이나 부부관계의 특이성 등
을 통해서 판단해 볼 때 이른바 "후려치기"도 가능한 사안이라고 우

리 솔로몬 내부적으로 판단했기 때문이다.

그랬더니 그 여성 변호사님은 "남편의 외도사실을 확인해 볼지 여부는 며칠 시간을 더 두고 생각해 보겠다."면서 그냥 돌아가시는 게 아닌가?

우리 솔로몬으로서는 아쉬움을 뒤로한 채 워낙 비용이 만만치 않게 들어가는 절차이다 보니 바로 결정하지 못할 수도 있겠다 싶어서 다음을 기약하면서 보내드렸다.

그랬더니 하루나 이틀 정도 지났을까?

아니나 다를까 그 여성 변호사님으로부터 전화가 왔다.

"아닐 것 같지만 일단 남편의 외도를 확인해 보아야겠다."는 것이었다.

그래서 우리는 곧바로 남편의 외도확인절차에 들어갔다.

그런데 남편이 워낙 주도면밀한 사람이었던지라 그 확인이 정말 쉽지 않았다.

4주가 지났는데도 남편의 외도사실은 확인이 되지 않았고, 그 여성

이혼승소를 위한 이혼전문변호사들의 秘書

변호사님은 매주 많은 비용을 추가로 부담하고 있는 상황이었다.

상황이 그렇게 되자, 우리 솔로몬이 도리어 면목이 없어져 일단 추가 비용 부담 없이 계속해서 확인해 볼 테니 만약 우리 솔로몬의 예상대로 남편의 외도증거가 확보되면 그때 추가 비용을 부담하는 방식으로 진행하자고 말씀드렸다.

그러고는 불안한 마음에 불륜여부를 확인하고 있는 전문가에게 "남편에게 다른 여자가 있는 것 같냐?"고 문의하자, 담당자는 "남편에게 상간녀가 있어 보인다."는 답변이었다.

그동안 예상이 빗나간 적이 없었기 때문에 우리는 일단 계속해서 남편 외도사실을 확인해 나갔다.

그로부터 2주 넘게 남편의 외도사실을 확인해 본 결과 드디어 꼬리가 잡혔다.

상간녀는 같은 대기업 법무팀 신입 여성 변호사로서 아직 결혼도 하지 않은 젊은 여성이었고, 남편은 직장 근처에 있는 그 상간녀 집에서 비밀스럽게 밀회를 즐기고 있었다.

그래서 우리는 내담자이신 여성 변호사님으로부터 사건을 즉시로 수임한 후 사건을 후려치기로 종결시키는 것으로 결정하고 후려치기

성공확률을 높이기 위해서 외도현장을 직접 확인하기로 했다.

드디어 D-day~!!

남편이 업무를 마치고 상간녀 아파트로 가서 밀회를 즐기는 순간 우리 솔로몬과 의뢰인은 현장을 확인하고 말았다.

그러고는 그 구체적인 그 방법을 밝힐 수는 없지만 이미 수없이 진행해온 정해진 순서에 따라 일명 후려치기 방법으로 상간녀와 남편으로부터 좋은 조건의 합의안을 도출해냈다.

어떻게 종결되었을까?

그렇다.

일단 젊은 여성 변호사인 상간녀로부터는 위자료 1억 원을 일시금으로 지급받아냈고, 의뢰인과 남편 간의 재산은 모두 우리 의뢰인이 갖는 것으로 하면서 위자료 1억 원을 추가로 지급하되 매월 250만 원씩 3년 4개월에 걸쳐 분할해서 지급하기로 했다.

어떤가~!!

어마어마한 결과 아닌가?

이혼승소를 위한 이혼전문변호사들의 秘書

우리 솔로몬이 모든 사건을 이렇게 종결시킬 수는 없지만, 사건의 내막과 특성을 잘 살펴 가능한 사건이라고 판단되면 우리 솔로몬은 후려치기 방법을 통해서 이런 결과를 만들어내기도 한다.

무엇이든지 틀에 갇히면 융통성이 없어진다.

법률도 그렇다.

법률이라는 틀에 너무 갇히면 생각의 폭이 좁아지고 둔해진다.

어느 분야에서나 처음에는 대부분 틀에 갇혀 생각하게 되지만, 진정 고수가 되게 되면 그 틀을 시원하게 벗어던지는 시기가 온다.

번데기가 껍질을 탈피하고 하늘을 자유롭게 날아다니는 나비가 되는 것처럼 말이다.

하여튼 우리 솔로몬한테 걸리면 그야말로 빗맞아도 사망이다.

배우자 행동이 이렇다면 외도를 의심하라

　한 젊은 남성분이 이혼상담을 원한다면서 우리 솔로몬 사무실에 내방하셨다.

　그 남성분은 결혼한 지 4년 되었고, 슬하에 3살짜리 아이 한 명을 두고 있었는데, 처가 자꾸 이혼을 요구해서 상담이 필요하다는 것이었다.

　그래서 남성분의 이야기를 들어보아 하니, 부부간 의견 충돌이 잦고 부부 싸움 또한 잦긴 했지만 아이를 둔 엄마로서 이혼까지 요구할 정도의 사유는 아니라고 판단되었는데 그럼에도 양육권과 친권까지 양보할 뜻을 내비치면서 이혼을 요구하는 점, 남편의 직업이 고소득군에 속하고 시부모 재산 또한 적지 않게 소유하고 있어 꽤 부자임에도 불구하고 이혼을 요구한다는 것은 통상 외도하고 있지 않고서는 있을 수 없는 일이라고 판단되어, "평소의 표정이 잘 드러난 처의 사진을 좀 보여달라"고 해서 봤더니, 처의 인상이 딱 외도할 상이 아닌가?

아니… 뭐, 우리가 관상가는 아니지만…….

우리 솔로몬이 인상과 표정을 통해서 배우자의 외도를 감지하는 포인트가 있긴 한데, 쉽게 말하자면 인상과 표정에서 그 포인트를 찾아내는 방식이다.

뭐랄까?? "딱 이거다;;;;"라고 말할 수 있는 것은 아니지만 하여튼 말할 수 없는 그 오묘한 느낌이 있다.

어찌 되었든 그런 이유로 우리 솔로몬이 "당신의 처는 지금 외도하고 있을 확률이 99%인데, 만약 아내분이 외도하고 있다면 어쩔 셈이냐?"고 물었더니. 그 남성분은 "아내가 외도하고 있다면 이는 용납할 수 없는 일이어서 당연히 이혼해야겠지만, 절대 그럴 리가 없다. 제 처는 절대 외도할 여자가 아니다. 게다가 출퇴근 시간이 정확해서 외도를 할 시간적 여유가 없다."는 것이었다.

그래서 "그렇다면 아마도 상간남은 처와 같은 직장에서 근무하고 있을 확률이 크다."라고 했더니, 그 남성분은 우리 말은 귀담아들으려고 하지 않고 혼인기간 동안 자신이 잘못 행동한 이야기만을 늘어놓으면서 그러한 자신의 잘못으로 인해서 아내의 마음이 떠난 것 같다면서 자책하는 게 아닌가?

그래서 "거의 모든 부부가 그렇게 크고 작은 문제들을 안고 산다.

선생님은 그 정도면 좋은 남편이고 잘 살고 있는 거다. 어찌 100% 잘하고만 살 수 있겠는가? 선생님에게 문제가 있는 것이 아니라 현재 아내분에게 결혼하고 싶은 상간남이 생긴 게 문제인 거다."라고 하면서 그 남성분에게 아내가 외도하고 있다는 사실을 깨닫게 하기 위해서 계속 노력했지만, 그 남성분은 "아니라는데 왜 자꾸 그쪽으로만 몰고 가는 거냐?"면서 잔뜩 화가 난 얼굴을 하고 사무실을 박차고 나가 버리셨다.

좀 어이가 없었지만, 그 남성분은 성격이 좀 있어 보이는 분으로 보여서 그러려니 하고 있었는데. 이틀 후 그 남성분이 다시 찾아오셨다.

오셔서 하시는 말씀이 "아닌 것 같지만, 솔로몬이 워낙 평판이 좋아서 솔로몬의 의견에 따라 일단은 아내 외도 여부를 확인해 보기로 했다."는 것이었다.

그래서 "잘 생각하신 거다."라고 답변하면서 그 남성분을 납득시킨 후 바로 전문가를 통해서 아내의 외도사실을 확인해 보았더니 아니나 다를까 아내는 같은 직장 내 직속 상사와 불륜행각을 벌이고 있었고, 직장 내 창고 혹은 주차장, 차 안, 직장 근처 여관 등등 시간과 장소를 가리지 않고 외도를 일삼고 있었다.

그래서 그러한 증거들을 하나하나 모두 확보한 후 남성분한테 확인시켜드렸더니, 그 남성분은 "아내에 대한 모든 믿음이 무너졌다."면서

이혼승소를 위한 이혼전문변호사들의 秘書

연신 한숨만 내쉬는 것이었다ㅜㅜ

그러면서도 결과가 우리 솔로몬이 예상한 것과 정확히 일치하는 것을 보고 굉장히 놀라는 눈치였다.

그래서 "우리 솔로몬이 점쟁이라서 그렇게 정확히 맞추는 게 아니고, 오랜 세월 이혼상담을 하고 이혼소송을 하다 보니, 배우자가 외도하고 있는 경우에는 일정한 패턴이 있다는 것을 자연스럽게 터득하게 되었다. 그리고 그 패턴들이 어느 정도 일치하는 경우에는 여지없이 배우자가 외도를 하고 있다는 사실을 알게 된 것뿐이다."라고 했더니 여전히 신기해하신다.

그 사건에서 아내 측은 자신의 외도사실이 드러나자 돌연 아이 친권과 양육권을 주장하면서 재산분할을 말도 안 되게 많이 주장하는 게 아닌가?

그렇지만 우리 측에서 아내 외도증거를 확보하는 도중에 이미 모든 대비책을 준비해 놓았기 때문에 아내 측의 주장이 관철될 리가 없었다.

그래서 결국 자녀에 대한 친권과 양육권을 모두 우리 측이 가져오는 한편 아내로부터 위자료 5,000만 원을 받아냄과 동시에 재산분할도 거의 주지 않고 처를 그야말로 맨몸으로 내쫓아 버렸는데, 이 사건에서 남성분이 우리 사무실에 찾아오지 않으셨다면, 아내가 외도하고 있는 사실도 모른 채 잦은 부부싸움과 본인의 불찰로 인해 아내가 이혼을 요구하는 것이라고 생각하고 순순히 아내의 요구를 그대로 받아들이면서 이혼했을 것이다.

그렇게 했다면 이 얼마나 억울한 일이겠는가?

이혼상담을 하다 보면, 우리 솔로몬이 보기에 분명히 배우자의 외도가 뻔한 경우임에도 불구하고, "절대 그럴 리 없다."면서 사실을 받아들이지 않는 경우를 많이 본다.

그중에서 대부분은 우리 솔로몬이 적극적으로 설득해서 배우자의 외도사실을 확인하긴 하지만 그 일부는 끝내 외도사실을 부인하면서 확인조차 하지 않는다.

우리 솔로몬이 배우자의 외도를 예상하고 확인한 사건들 중 우리의 예상이 빗나간 적이 단 한 번도 없다.

정말로 그 긴 세월 동안 그 많은 사례들이 있었지만 우리의 예상이 빗나간 적은 단 한 번도 없었다.

그렇다면 우리 솔로몬은 어떻게 그렇게 정확하게 예측하는 것일까?

그렇다. 배우자가 외도를 하고 있을 때는 반드시 일정한 패턴을 보이게 되어 있다.

이혼승소를 위한 이혼전문변호사들의 秘書

일례로

① 핸드폰을 갑자기 잠금장치를 해둔다거나 아니면 화장실 갈 때나 잠잘 때에도 계속해서 핸드폰을 손에서 놓지 않는 경우,

② 전화통화를 위해서 다른 방 혹은 집 밖으로 나가는 경우,

③ 별다른 사유없이 이혼을 요구하는 경우 특히 이혼을 요구하면서 자녀에 대한 친권과 양육권을 쉽게 양보하는 경우,

④ 늦은 귀가나 외박이 잦아지는 경우,

⑤ 안 하던 지인과의 여행 혹은 출장이 잦아지는 경우,

⑥ 평소 연락을 하지 않던 지인과의 약속이 평일 저녁 또는 주말에 있다고 하는 경우,

⑦ 갑자기 외모에 신경을 쓰고 옷이나 머리스타일, 화장품, 향수, 속옷 등에 관심을 가지는 경우,

⑧ 간단한 외출임에도 불구하고 옷을 차려 입고 나가려고 하는 경우,

⑨ 아이들을 방치한 채 외출하는 일이 잦은 경우,

⑩ 별다른 이유 없이 배우자와의 부부관계를 회피하는 경우

등등의 사유가 있다면 반드시 배우자의 외도를 의심해야 하는 경우이다.

그 이외에도 상담을 하다 보면 배우자의 외도가 의심되는 사유들은 매우 많은데, 우리 솔로몬이 배우자의 외도를 진단하기 위해서는 위와 같은 사유에 더하여 배우자의 인상이나 의복차림, 체형 등등을 복합적으로 고려한다. 어떤 경우에는 걸어가는 뒷모습을 통해서도 배우자 외도의 향기를 맡는 경우도 있고 하여튼 매우 다양한 면을 살펴

판단하게 된다.

위 사례에서 우리 솔로몬의 실력에 놀라고 드라마틱하게 이혼소송에서 승소한 결과에 놀란 남성분은 상간남의 아내까지 설득해서 우리 사무실에서 이혼소송을 진행하도록 하는 한편 지인들 이혼사건이나 상간자소송사건을 지금껏 5건이나 소개해 주시기까지 하셨다.

사실 이런 사례들은 굉장히 많다.

이혼하려고 하는데 배우자 외도의 징조가 있는 경우에는 반드시 배우자의 외도여부를 확인한 이후에 이혼을 진행하는 것이 필요하다.

누가 봐도 배우자의 외도가 의심되는 상황임에도 바보같이 그냥 이혼하는 경우가 굉장히 많고 외도증거확보 없이 이혼소송을 진행하는 경우도 굉장히 많다.

이는 누군가가 내 밥그릇에 독을 타서 그로 말미암아 내가 죽어가는데, 죽어가는 이유를 밝히지 못하고 죽는 것과 진배없는 일이 아니겠는가?

배우자가 나와 이혼한 후 다른 이성과 혼인하기 위해서 이혼하는 것이라면 적어도 그러한 사실을 알고 배우자로 하여금 그에 대한 응분의 책임을 지도록 하면서 이혼을 해도 해야 하지 않겠는가?

이혼승소를 위한 이혼전문변호사들의 秘書

요즈음에는 배우자의 외도가 너무 흔하다.

방송매체를 보면, 이혼사유 중 1위를 차지하는 사유가 성격차이라고 하는데, 그건 정말 이혼분야 실정을 모르는 바보 같은 소리다.

그 성격차이 안에는 배우자 일방의 외도가 도사리고 있는 경우가 굉장히 많다는 사실을 독자분들은 반드시 알았으면 한다.

증여해준 특유재산? 명의신탁?
논란 많은 재산분할에 종지부를 찍다!!

　너무 배우자의 외도와 관련된 사례만 소개하다 보니, 우리 솔로몬이 불륜전문인가 하는 오해를 할 수 있을 것 같아서, 이번에는 법리 논쟁을 통해서 통쾌한 승소를 이끌어낸 사례를 소개해 본다.

　이번에 소개하는 사례는 상대방이 1심에서 패소한 이후 2심 항소에 이어 대법원 상고까지 했지만 결국 대법원이 최종적으로 우리측 손을 들어주면서 우리 솔로몬이 크게 승소한 사건이다.

　작년 초 지방에서 거주하시는 50대 후반의 남성분으로부터 전화가 걸려왔다.

　현재 지방에서 이혼소송 중이시고, 재산이 꽤 많고 재산분할문제가 워낙 복잡할 뿐만 아니라 너무 억울한 사연이 있어서 서울에 있는 이혼전문변호사를 선임해서 진행하고 있는데, 재판이 의도치 않게 흘러가는 것 같아서 변호사를 바꿔야 하나 싶어 전화를 하셨다는 것이었다.

　　　　　　　　이혼승소를 위한 이혼전문변호사들의 秘書

그래서 우리 솔로몬은 '사건이 복잡하니 시간 내셔서 서울 사무실에 내방하시는 게 좋겠다'라고 안내해 드리면서 '변호사를 변경하려고 하는 사건의 경우에는 상담료 30만 원이 선입금되어야 상담일정이 잡힌다.'라고 말씀드렸더니, 그 중년 신사분이 깜짝 놀라는 게 아닌가?

　상담료가 왜 그렇게 비싸냐는 것이었다.

　그래서 "상담만 받아 보셔도 선생님께서 선임하신 변호사님과는 실력 차이가 크게 난다는 것을 알 수 있으실 텐데, 원래 상담료를 그렇게 받지 않지만, 변호사를 변경하려고 상담오시는 분들은 그냥 상담만 받고 우리 솔로몬의 노하우만 배워가시는 분들이 간혹 있고,

　그렇게 되면 우리 노하우가 새어나가는 결과가 발생하기 때문에 이를 방지하기 위해서 어쩔 수 없이 상담료를 그렇게 받고 있다. 물론 상담 후 선임하시게 되면 그 상담료는 수임료에서 자동으로 공제가 된다."라고 설명드렸더니,

　그 중년 신사분은 그렇지 않아도 사건이 자꾸 이상하게 흘러가서 실력 있는 이혼전문로펌을 백방으로 수소문하다가 "이곳 솔로몬에 가면 사건이 180도로 뒤바뀐다."는 소문이 있어 전화했다면서 바로 상담료 30만 원을 입금하시는 게 아닌가.

그렇게 해서 이틀 후 그 중년 신사분은 사건기록을 가지고 우리 사무실에 내방하셔서 상담을 진행하게 되었는데, 사건은 이미 7개월 정도나 진행되어 있었고 중간에 판사님 자리 이동으로 담당 재판장님이 한 번 바뀐 적이 있었다.

그런데 처음 재판장님은 변론기일에 유독 상대방 측 변호사에게만 온갖 짜증을 내고 야단치고 핀잔을 주더니 이번에 바뀐 재판장님은 신사분 측 변호사가 그 어떤 변론을 해도 아무런 대꾸도 하지 않고 그냥 듣고만 있다는 것이었다. 그래서 뭔가 잘못되었구나 싶어서 변호사를 바꾸기로 결심하셨다고 한다.

그래서 사건파악을 위해서 말씀을 들어 보니,

중년 신사분은 전 부인과 사별한 후 3년 전에 재혼하셨고, 재혼하신 새로운 배우자는 전 남편과 일찍 이혼한 후 자녀들을 억척스럽게 키워내면서 모든 자녀들을 좋은 대학교까지 졸업시키신 분이셨는데, 그러한 점이 좋아 보여서 재혼하게 되었다는 것이었다.

두 분 다 전혼 자녀들을 모두 키운 상태였기 때문에 앞으로 둘만 정붙여 행복한 노후를 보내면 되겠다 싶어서 중년 신사분은 소유하고 있던 땅에 그동안 모아둔 돈으로 1층에는 상가가 있고 2, 3층과 4층 절반은 원룸과 투룸 그리고 4층 나머지 공간에는 두 부부가 생활할 살림집이 들어갈 건물을 지으면서, 그 토지와 건물 소유명의를 재혼한 처 명의로 해준 것이었다.

다만, 중년의 신사분은 모 대기업 엔지니어로 남해(南海)에 인접한 도시에 근무하고 있었기 때문에 일단 주말부부로 지내다가 곧 정년퇴직하게 되면 그때 살림을 합치기로 했다고 한다.

재혼한 처는 재혼 전 생활해오던 광주광역시 소재 아파트는 월세를 주고 신축한 건물 4층으로 이사한 후 1층 상가에 커피숍을 개업하여 운영하면서 원룸과 투룸에서 나오는 월세를 받으면서 생활하게 되었고,

그렇게 혼인생활이 2년 정도 되었을 즈음 월세방들도 모두 임대 완료되고 1층에 커피숍 개업도 모두 마쳐진 지 얼마되지 않은 시점에 재혼한 처는 갑자기 남편이 집에 오는 것을 싫어하면서 이 핑계 저 핑계를 대고 집에 못 오게 하더니 급기야는 집에 온 남편을 문전박대까지 했다고 한다.

이러한 사실을 알게 된 그 중년 신사분의 전혼 자녀들은 아버지에게 이혼을 권면하면서 새엄마에게는 건물과 그 토지명의를 아빠명의로 돌려줄 것을 요구하게 되었는데, 그러자 새엄마는 "건물과 토지는 혼인하면서 너희 아빠가 나한테 증여해준 것이기 때문에 법률적으로 내 특유재산이다. 따라서 너희 아빠가 소송을 해도 돌려받을 수 없을 거다. 정 돌려받고 싶으면 어디 법대로 해 봐라. 난 벌써 변호사를 통

해서 이미 다 알아본 상태다."라고 했다고 한다.

그래서 사방팔방 이혼전문변호사를 찾아다니다가 서울까지 올라와 변호사를 선임하게 되었는데, 선임한 변호사는 "명의신탁을 주장하면 얼마든지 찾아올 수 있다."라고 하면서 자신감을 보였다고 한다.

실제로 소송기록을 보니, 중년 신사분 측 변호사는 '건물과 토지는 실질적으로 우리 측 소유이지만 명의만 처로 했을 뿐이고 따라서 명의신탁계약 해지를 원인으로 그 소유명의를 이전해야 마땅하다'고 주장하면서 '월세를 놓으라고 했음에도 임의로 전세를 놓고 그 받은 전세보증금으로 자신의 전혼 자녀들에게 오피스텔과 소형아파트를 사준 행위는 횡령에 해당한다'고 주장하고 있었고,

상대방 변호사는 '건물과 토지는 남편 측이 결혼하면서 처에게 증여해준 재산이므로, 이는 처의 특유재산에 해당하고, 혼인기간이 실질적으로 2년밖에 되지 않는 점을 감안하면 재산분할대상이 되지도 않는다'라고 주장하고 있는 것이 아닌가?

사건기록에 나타난 양측 변호사의 주장내용을 보고 우리 솔로몬은 정말로 실소를 금할 수 없었다.

이건 뭐 '개그콘서트'도 아니고, 당최 뭐하는 주장인지 이해할 수 없었다.

이혼승소를 위한 이혼전문변호사들의 秘書

이혼 시 재산분할함에 있어서는 그 소유명의와는 전혀 관계없이 실질적으로 그 돈이 누구 주머니에서 나왔는지에 따라 그 기여도가 정해지고 누구의 특유재산인지가 정해지는 것이므로, 이 사건에서처럼 실질적으로 토지를 매수하고 건물을 건축한 돈이 모두 우리 측 중년 신사분으로부터 나왔다면 당연히 우리 중년 신사분의 특유재산이 되는 것인데,

이혼하지 않고 부부 사이에 그 소유명의만 이전받고자 해서 민사소송을 할 때나 주장할 수 있는 명의신탁주장을 하는 우리 측 변호사나, 결혼하면서 증여해줬으므로 본인의 특유재산이라고 주장하는 상대방 측 변호사나 이혼 시 재산분할에 대한 법리를 전혀 알지 못한 채 이혼소송을 수행하고 있는 그 모습들이 참으로 안타까울 뿐이었다.

사실 서울가정법원에서도 이혼소송하다 보면 이혼전문가라고 하시면서 혹은 경력이 20년이 넘는 분들조차도 이러한 주장을 하는 것을 아주 가끔은 볼 수 있는 풍경이기는 하지만, 이건 심해도 너무 심한, 그야말로 바보들의 떼창과도 같은 주장들이었다.

판사님이 보기에도 마치 "덤 앤 더머" 영화에서나 볼 법한 주장들이 원, 피고 양측에서 난무하니 어이가 없지 않았을까 싶었다.

그래서 우리 솔로몬이 중년 신사분께 "지금 선생님 사건을 맡아 진

행하고 있는 분은 안타깝지만 이혼 시 재산분할에 대한 이해가 충분치 않은 것 같다. 그래서 선생님 이혼소송을 수행해나가는 것이 버거워 보이니 이혼소송을 우리 솔로몬한테 맡기시는 게 좋을 것 같다."는 말씀을 드리니, 그 중년 신사분은 우리 솔로몬에게 무한한 신뢰를 보내시면서 흔쾌히 승낙하신다.

우리는 사건을 수임하자마자, 의심스러운 마음에, 재혼한 처가 재혼전에 살았던 광주광역시 아파트 명의가 어떻게 되어 있는지 등기부등본을 바로 발급해 보니 아니나 다를까 그 소유명의 또한 이미 큰아들에게로 이전된 상태였다.

이쯤 되면 처는 재혼해서 한몫 챙기려는 그야말로 사기단이 아니고 무엇이겠는가?

그래서 우리 솔로몬은 처의 이러한 파렴치한 의도를 법원에 잘 전달하고 그녀의 천사와도 같은 모습 뒤에 숨겨진 악녀의 모습을 판사님께 잘 알리겠다는 전략으로 대응하기로 했다.

우리는 수임과 동시에 즉시 ① 건물과 토지에 대해서 재산분할을 원인으로 가처분신청을 하는가 하면, ② 추가로 처가 건물내 원룸과 투룸들을 전세놓고 받은 전세보증금으로 자신의 혼전자녀들에게 오피스텔과 아파트를 각각 사준 돈액수만큼을 재산분할을 원인으로 돌려받아야 하는데, 처의 유일한 재산인 광주광역시 아파트를 전혼자녀에게 증여해 주었으므로, 이는 사해행위에 해당한다고 주장하면서 전혼자녀를 상대로 사해행위취소소송을 추가로 제기했다.

③ 그리고 전혼자녀가 그 광주아파트를 처분하지 못하도록 처분금지가처분을 함과 동시에 ④ 우리 재산분할청구권을 보전하기 위해서 그 아파트에 가압류까지 추가로 해 버렸다.

⑤ 그리고 이혼소송에서는 '건물과 토지가 우리 의뢰인의 특유재산이므로 재산분할을 원인으로 그 소유권을 이전받아야 할 뿐만 아니라 그 건물을 전세놓고 받은 전세보증금으로 자신의 전혼자녀들에게 오피스텔과 아파트를 사준 돈 또한 우리 의뢰인의 특유재산에 해당되어 우리 의뢰인이 처로부터 재산분할을 원인으로 지급받아야 마땅하다'는 내용으로 청구원인을 변경하는 서면을 제출했다.

⑥ 이에 더하여 혼인으로 재산을 한몫 챙기려 한 처의 악녀와 같은 속셈이 여실히 드러날 수 있도록, 처 자신이 살던 광주광역시 아파트 명의를 자신의 전혼 자녀에게 증여한 사실 등과 같은 그동안 있었던 처의 악행들을 빠짐없이 그리고 여과 없이 적은 서면을 제출했다.

그렇게 우리 솔로몬은 처음부터 상대방을 거세게 몰아붙였고, 그러한 여러 조치들을 정신없이 하다 보니 어느새 변론기일이 다가왔다.

변론기일 당일 변론을 위해 법정에 참석해 보니, 판사님 표정이 이

제야 제대로 된 주장이 된다는 식으로 예전과는 완전히 다른 모습으로 그리고 매우 상냥하게 살짝 미소까지 지으시면서 소송지휘를 하시는 게 아닌가?

물론 상대방은 여전히 건물과 토지는 본인의 특유재산이고, 그 특유재산에서 나온 전세보증금을 자녀들에게 준 것이 뭐가 문제냐는 식으로 가당치도 않은 주장들을 계속했다.

그래서 우리는 계속해서 처의 검디검은 의도를 드러내기 위해 몰아붙였고, 그러한 변론기일이 몇 번 열리고 난 후 드디어 판결이 선고되었는데, 과연 그 결과는?

그렇다. 당연히 우리가 예상한대로 판결이 선고되었다.

즉, 처는 건물과 토지를 재산분할을 원인으로 남편에게 소유권이전하고, 그 건물에서 나온 전세보증금으로 처가 전혼자녀에게 오피스텔과 아파트를 사준 돈 또한 고스란히 재산분할을 원인으로 남편에게 지급하라. 그리고 처의 유일한 재산인 광주광역시 아파트를 전혼 자녀에게 증여한 행위는 사해행위에 해당하므로 그 소유권을 다시 처명의로 하라는 내용이었다.

어디 그뿐이랴..

이혼승소를 위한 이혼전문변호사들의 秘書

재혼한 지 2년 만에 주말부부로 지내던 남편을 문전박대까지 한 처의 유책행위가 인정되어 위자료 3,000만 원 판결까지 내려졌다.

그런 판결이 선고되자 처는 법정 밖에서 자신의 변호사와 큰 소리로 싸우더니 이윽고 또 다른 변호사를 선임해서 항소하는 게 아닌가?

그렇지만 항소심에서도 처의 항소가 이유 없다면서 4개월 만에 항소기각, 그러자 처는 억울하다면서 또다시 대법원에 상고, 그러자 대법원은 처의 상고가 심리를 해 볼 필요도 없이 이유 없다면서 3개월 만에 심리불속행기각.

이거 어쩌나. 우리 의뢰인이 처로부터 받아내야 할 변호사비용만 해도 수천만 원이 넘는데…….

우리 솔로몬 사전에는 미안하게도 "자비"라는 단어는 없다.

그래서 상대방으로부터 변호사비용까지 모두 싹싹 긁어 받아내기로 했고, 결국 가압류비용, 가처분비용, 소송비용, 변호사비용까지 모두 처로부터 받아냈다.

그로부터 세월이 흐른 지금은 상대방이 반성 좀 하고 있을는지 모르겠지만, 인생 그렇게 살면 안 되지 않나 싶다.

사실 이 사건은 그렇게 어려운 사건이 아니었다.

법리가 그렇게 복잡한 사건도 아니고 말이다.

방향만 잘 잡고 몇 가지 조치만을 취하면서 공략했다면 바로 끝낼 수 있는 사건이었는데, 처음 선임된 분께서 방향을 잘못 잡아 소송을 진행하시다 보니, 그에 대한 반작용으로 승소에 대한 기대가 지나치게 커진 상대방이 뜻하지 않게 패소하자 억울한 마음에 항소에 이어 대법원에 상고까지 하게 된 어처구니없는 사건이었다.

물론 이혼소송에 더하여 사해행위취소송과 2건의 가처분 그리고 가처분한 부동산에 대한 또다른 가압류까지 절차가 좀 복잡하긴 하지만 전혀 어렵지 않은 사건이었다.

이혼에 대한 법리와 판례를 정확하게 이해하고 해당 사건에 필요한 적절한 전략과 전술을 세워서 조치들을 취해나가다 보면 그 어떠한 사건도 어렵지 않게 술술 해결되어가기 마련인데, 다른 분들은 그게 어려운가 보다.

그래서 우리 솔로몬이 누누이 강조하지만 공부하고 연구하는 것만이 답인 거다.

혼인기간 10년인 사건에서
재산분할 80% 받아낸 사례

이번엔 혼인기간 10년이나 된 맞벌이부부의 이혼소송에서 우리 솔로몬이 부인 측을 변론해 재산분할 기여도를 80%씩이나 인정받은 사례를 소개해 보려고 한다.

재작년 늦가을즈음 사무실로 40대 후반인 한 여성분이 이혼상담을 위해 내방하셨다.

그 여성분은 30대 후반의 늦은 나이에 결혼을 해서 이제 초등학생이 된 딸을 낳아 살고 있는데, 남편이 외도를 일삼아서 도저히 살 수 없을 것 같다면서 이혼상담을 요청해오셨다.

그래서 그 사연을 들어보아 하니, 그 여성분은 ① 남편의 술버릇이 심할 뿐만 아니라 ② 회식을 하는 날이면 외박이 잦았고, ③ 그렇게 외박한 날은 여지없이 모텔에서 숙박한 사실이 추후 드러났으며, ④ 채팅사이트에 회원가입하여 그 사이트에서 만난 사람들과 여행을 다녀오기도 한다면서 도저히 이대로는 살 수 없어 이혼소송을 고민하고 있다는 것이었다.

그리고 그 여성분은 이 정도면 당연히 남편이 외도하는 것이 확실한 게 아니냐? 그렇다면 재산분할을 최대한 많이 받고 아이 양육권, 친권도 가져오고 싶다는 것이었다.

그런데 남편 외도증거로 확보했다면서 가져온 증거라고는 ① 남편의 회식이 잦았으며, 회식 후 귀가를 새벽나절에 하거나 아니면 아예 모텔에서 숙박하고 집에 들어오지 않는데, 남편이 그 술버릇을 고치겠다면서 작성한 여러 개의 각서들, ② 과거 출장간다고 거짓말하고 채팅 사이트에서 만난 사람들과 여행을 다녀온 후 남자이름으로 저장된 사람으로부터 전화가 왔는데, 사실은 사이트에서 만나 함께 여행을 다녀온 여성이었고, 그 여성은 술집을 운영하는 여성이었다는 사실을 짐작케 하는 부부간의 대화내용이 녹음된 증거들뿐이었다.

그래서 우리 솔로몬은 남편이 외도를 하고 있는 것은 확실해 보이지만, 이들 증거로는 부족하다는 사실을 그 여성분께 설명을 드리면서 재산분할에는 ① 분배적기능, ② 사회보장적기능뿐만 아니라 ③ 손해배상적기능도 있어 남편의 외도증거를 확실하게 확보해서 이혼소송을 제기하면 위자료를 많이 받아낼 수 있을 뿐만 아니라 재산분할도 많이 받아낼 수 있다고 설명을 드리면서, 추가 증거 확보를 제안했다.

그러자 그 여성분은 추가로 증거수집하는 것에 동의하셨고, 그래서 우리 솔로몬은 즉각적으로 전문가를 통하여 남편의 외도증거를 수집하기 시작했다.

즉, ① 남편의 스마트폰에서 과거 채팅사이트에서 만난 회원들과 나눈 대화 그리고 채팅 사이트에서 남편이 올린 글과 댓글 그리고 그 여성회원들과 개인적으로 나눈 대화 등을 수집하고, ② 남편이 우리 의뢰인이 집을 비운 사이 여자를 집에 불러들이는 영상을 아파트 엘리베이터 cctv 확인을 통하여 확보하는 한편 ③ 남편이 여성과 숙박업소를 드나드는 영상까지 차근차근 남편의 외도사실을 입증할 확실한 증거들을 확보해나갔다.

증거수집을 장장 약 4개월 동안이나 진행하였고, 우리 솔로몬은 이정도면 남편의 외도를 입증하기에 충분한 증거가 확보되었다고 판단하고 외도증거를 첨부해서 이혼소장을 법원에 접수했다.

그런데 소장을 받은 남편은 외도사실을 반성하면서 낮은 자세로 대응하기는커녕 대한민국에서 내로라하는 대형로펌을 선임해서 대응하는 게 아닌가?

그러자 우리 의뢰인은 남편 측 변론을 맡은 대형로펌이 부담스러웠는지 걱정이 이만저만이 아니었다.

그래서 우리 솔로몬은 다른 분야는 몰라도 이혼소송만큼은 우리 솔로몬보다 더 잘하는 곳은 절대 없으니 걱정을 조금도 하지 말라고 하면서 안심시켜드렸다.

한편 남편 측 소송대리인은 급기야 우리 의뢰인을 상대로 반소장까지 제출했는데, 반소장에서 남편 측 변호사는 '피고(남편)가 이직 등으로 인한 외로움을 달래기 위해 잦은 회식을 하였음에도 원고(우리 의뢰인)가 이를 이해하지 못하고 폭언을 일삼고 피고를 무시하였으며, 사치를 일삼고 자녀에 대한 과도한 사교육으로 인해 혼인관계가 파탄났으므로 피고가 원고한테 위자료를 지급하기는커녕 도리어 원고가 피고한테 위자료 5,000만 원을 지급해야 한다'고 주장했다.

그래서 우리는 남편의 외도가 하루이틀 된 게 아니라는 사실을 입증하기 위해 남편 신용카드결제내역을 과거 수년 전 것까지 모두 사실조회신청을 해서 받아 보았더니 모텔을 집 드나들듯이 다닌 게 아닌가?

물론 모텔에서 결제한 내역만으로는 외도증거로 부족한 것은 사실이지만 우리가 이혼소송 전 4개월 동안 이미 수집한 확실한 남편 외도증거가 있었기 때문에 남편의 10년간 모텔출입내역이 더해져 남편의 외도가 혼인기간 내내 지속되었음을 입증하기에는 부족함이 없었다.

이혼승소를 위한 이혼전문변호사들의 秘書

위와 같이 우리 솔로몬이 남편의 계속된 외도를 입증했음에도 불구하고 남편 측은 낮은 자세로 전향하기보다는 계속해서 우리 의뢰인의 잘못으로 혼인관계가 파탄났다면서 사립학교 교직원인 우리 의뢰인의 사학연금을 일시금으로 받는다고 가정할 때 받을 수 있는 일시금을 사실조회신청을 해서 알아낸 다음 그 금액을 재산분할대상으로 삼아야 한다고 주장하는가 하면 자신의 급여가 더 높다면서 재산분할 60%를 주장하는 게 아닌가?

그 순간 우리는 남편 측이 사학연금분할신청제도 및 재산분할 기여도가 어떠한 원리에 의해서 정해지는지 정확한 지식이 없다는 사실을 간파하고 이를 십분 이용하기로 했다.

사학연금을 이혼 시 일시금으로 환산해서 재산분할하면 이혼 후 사학연금을 분할해서 받을 수 없게 되기 때문에 결과적으로 남편 측이 매우 손해임에도 이를 주장하는 것은 연금분할청구제도에 대한 이해가 부족한 것이었다.

그래서 우리는 우리 의뢰인의 사학연금 일시금이 재산분할대상이 되어야 한다는 남편 측 소송대리인의 주장에 대해서 일절 대응하지 않으면서 남편 측 연금에 대해서는 재산분할을 전혀 주장하지 않았다.

판결에 별도의 명시가 없으면 연금법에 따라 자연스럽게 이혼 후 남편이 받게 될 연금의 50%를 평생 고스란히 받을 수 있기 때문이었다.

누가 보더라도 우리 솔로몬의 대응이 이해가지 않을 터라 남편 측 소송대리인이 눈치챌까 봐 소송 끝날 때까지 얼마나 마음 졸였는지 모른다.

국민연금, 공무원연금, 사학연금, 군인연금, 별정우체국직원연금 등과 같은 공적연금의 경우 일시금으로 받는 것보다 연금형태로 받는 것이 훨씬 더 유리하기 때문에 어느 누구나 연금형태로 평생 사망 시까지 받길 원하지 퇴직 시 일시금으로 받는 것을 원하지 않는 것도 이러한 이유인데, 남편 측 소송대리인은 이러한 법률적 지식이 부족했던 것이다.

그리고 ① 우리는 남편이 혼인기간 내 모텔을 드나들거나 회식비용, 그리고 여자들과 여행을 하느라 부부공동재산을 소비한 점을 강조하면서 이를 재산분할의 분배적기능으로 고려해 달라고 하는 한편,

② 우리 의뢰인이 30대 후반 늦은 나이에 출산한 딸을 양육해야 하는데 의뢰인의 정년이 얼마 남지 않은 반면 딸을 양육해나가야 하는 기간이 많이 남았다는 사실을 강조하면서 이를 사회보장적기능으로 고려해 달라고 주장하고,

③ 손해배상적기능까지도 고려해서 남편이 결혼 전 그렇게 간절히 우리 의뢰인에게 청혼하더니 막상 결혼하고 나서는 혼인기간 내내 외도를 일삼은 행동을 꾸짖으면서 그 일로 우리 의뢰인이 얼마나 많은 정신적 고통을 겪었는지를 판사님께 하소연하면서 이러한 사정을 재산분할에 고려해 달라고 주장했다.

그리고 남편의 외도사실이 증거에 의해서 충분히 입증되는가 하면 그러한 외도가 혼인기간 내내 지속되었음을 추단케 할 만한 증거들까지 소송 중에 추가로 제출되자 판사님의 마음이 완전히 우리 측으로 기운 것이 느껴졌다.

우리는 판결내용이 좋을 것이라고 예상은 했지만, 판결이라는 것이 소송이 끝날 때까지 끝난 게 아니므로 끝까지 판사님께 우리 의뢰인의 불쌍한 처지와 이혼 후 걱정되는 앞날에 대해서 설명드리면서 끝까지 샅바싸움을 이어 나갔다.

그렇게 소송이 1년 6개월 동안 진행되었고 드디어 판결이 선고되었는데, 판결선고일에 그 판결결과를 보고 우리도 깜짝 놀랐다.

즉 양육권, 친권, 위자료가 인정된 것은 물론 재산분할 기여도에서 우리 측이 80%나 인정되었기 때문이다.

게다가 우리 측 사학연금은 일시금으로 산정되어 이미 재산분할대상으로 삼아졌기 때문에 이혼 후 우리 의뢰인이 받게 될 사학연금은 분할되지 않고 모든 연금을 고스란히 우리 의뢰인이 받게 된 반면, 남편의 연금에 대해서는 우리 측이 재산분할대상으로 삼지 않았기 때문에 추후 남편이 받게 될 연금의 절반을 우리 의뢰인이 이혼 후에서 평생 사망 시까지 받을 수 있게 된 것이었다.

사실 남편 측 변호사는 국내에서 내로라하는 대형로펌 소속 변호사였지만, 재산분할 기여도가 어떠한 원리에 의해 정해지는지 그리고 연금분할청구제도가 어떤 제도인지에 대한 이해가 전혀 없었고 우리가 그러한 면을 십분 잘 이용해서 큰 승리를 거둔 사건이었다.

의뢰인은 우리 솔로몬을 선임하기 전 여러 곳에 이혼상담을 받았지만, 거의 모든 곳에서 혼인기간이 10년이나 되기 때문에 재산분할을 많이 받아내도 50% 이상은 어렵다고 해서 억울하지만 자포자기했었는데, 솔로몬을 만나고 이런 기적을 경험하게 되었다면서 너무도 기뻐하시는 게 아닌가?

사실 많은 이혼전문변호사님들이 tv프로그램에 출연해서 혼인기간이 10년 이상이 되면 대부분 재산분할이 50%라고 하시다 보니, 많은 변호사님들이 그것이 진실이라고 생각하고 이혼소송에서 다툴 생각조차도 하지 않는 것이 현실이다.

이혼승소를 위한 이혼전문변호사들의 秘書

하지만 절대 그렇지 않다.

재산분할의 3가지 기능을 잘 조합해서 균형 있게 변론하기만 하면 혼인기간 10~15년 되는 부부라도 얼마든지 80%도 가능한 게 현실이다.

이 사건에서도 남편 측 변호사님은 재산분할 기여도가 각자 50%로 인정될 것이라고 생각하셨는지, 이혼소송에서 재산분할에 대해서는 별다른 주장도 하지 않았고 치열하게 싸움할 생각이 없어 보였다.

그래서 우리 솔로몬이 그 빈틈을 집중적으로 공략한 것이 주효했던 사건이다.

하여튼 제발 좀 우리 솔로몬보다 이혼소송을 잘하는 이혼전문가분을 단 한 번만이라도 봤으면 소원이 없겠다.

에필로그

창 밖을 보니 어느덧 날이 어두워져 가고 있다.

가을인지라 스산한 바람에 낙엽도 져서 바람에 휘날린다.

필자도 어느덧 육십을 바라보는 나이가 되었다.

소송을 수행하고 연구실에서 법률을 연구하면서 하루가 어떻게 가는지도 모르게 일에 열중하다 보니 어느덧 반백이 되어간다. 그렇게 예뻐 보이던 처도 세월을 비껴갈 수 없는지 세월의 흔적이 여실히 보이고, 아들녀석도 이제 아빠를 찾지 않을 만큼 훌쩍 커 버렸다. 세월이 참 무상하다.

이렇게 중년 끝자락에 서고 보니 그동안 앞만 바라보고 달려왔던 나 자신을 다시 성찰하게 된다. 그동안 무엇을 해왔고 그동안 열심히 해온 일이 무슨 의미가 있는지 말이다.

그런 무상한 세월 속에서 그동안 쌓아온 경험과 노하우를 나누고자 하는 작은 소망으로 집필을 시작했는데, 시작하고 나니 웬일인지 일이 커진 느낌이다. 그리고 막상 집필을 마치고 보니 성에 차지 않는

이혼승소를 위한 이혼전문변호사들의 秘書

다. 이 책을 읽는 독자들을 이혼분야 최고수로 만들겠다는 일념으로 집필했는데, 집필을 끝내고 보니 많은 아쉬움이 남는다.

글로 법률적 문제를 쉽게 표현하고 전한다는 것이 생각같이 그렇게 쉬운 일이 아닌 것 같다. 되도록이면 쉽게 쓰려고 나름대로 노력했는데, 전문적인 용어가 들어가다 보니 여전히 어렵게 느껴진다. 하지만 조금이라도 도움이 될 수 있다면 일단 그것으로 만족하기로 한다.

젊은 시절에는 혈기에 앞서 싹 다 쓸어 버린다는 생각으로 소송에 임했는데, 나이가 드니 그것도 아니라는 생각이 들기도 한다.

인생 제2막을 준비하고 있다. 내 노후는 종교에 귀의하는 삶으로 채우고 싶어 천천히 준비하고 있다. 이혼소송을 하면서 인생의 무상함, 집착의 무상함을 많이 깨달았기 때문이다.

부디 많은 분들이 행복한 세상이 되었으면 하는 바람이다.

앞으로 쓰고 싶은 책이 하나 더 있다. 이혼소송 사례 즉 판례를 분석하고 그로부터 얻을 수 있는 교훈을 얻어 보자는 취지의 책이다.

곧 출판될 것 같은데, 앞으로 필자가 집필한 책들이 대한민국의 이혼소송 발전에 큰 디딤돌이 되기를 간절히 바라는 마음이다.

세상에 태어나서 하고 싶은 큰 일이 많았다. 그중 이룬 작은 일이 바로 대한민국 이혼소송분야에서 선구자 역할을 해온 것이라 필자는 자부한다.

앞으로 살아갈 날이 20~30년 남은 것 같은데, 그 남은 시간 동안 또 세상을 깜짝 놀라게 할 업적을 만들어가고 싶은 마음 크다.

이혼 이외에도 그동안 공부해온 자본투자운용론, 종교학, 명상학과 관련된 책도 집필하고 싶다. 지금도 조금씩 목차부터 정리해가고 있다. 깨달은 바가 많은 분야이기 때문에 이 또한 세상에 많은 도움이 되리라 기대 섞인 소망을 가져본다.

그리고 마지막으로 한없이 부족하고 부족한 자녀를 손잡아 이끌어 주시며 힘과 능력을 날로 더해 주시는 하나님께 진심으로 감사드린다.

이혼승소를 위한

이혼전문변호사들의 秘書(비서)

초판 1쇄   2025년 1월 31일

지은이   박진영
감수   김성천
발행인   김재홍
교정/교열   김혜린
디자인   박효은
마케팅   이연실

발행처   도서출판지식공감
등록번호   제2019-000164호
주소   서울특별시 영등포구 경인로82길 3-4 센터플러스 1117호(문래동1가)
전화   02-3141-2700
팩스   02-322-3089
홈페이지   www.bookdaum.com
이메일   jisikwon@naver.com

가격   22,000원
ISBN   979-11-5622-913-1   13360